山东省高等教育学会高等教育研究专项课题（本科重
《植入式法学产学研协同育人机制创新与实践》，课题编号：SDGJ211012

当代法学教育创新与实践研究

孙　明　著

新华出版社

图书在版编目（CIP）数据

当代法学教育创新与实践研究 / 孙明著 . -- 北京：
新华出版社 , 2022.9
ISBN 978-7-5166-6459-9

Ⅰ . ①当… Ⅱ . ①孙… Ⅲ . ①法学教育－研究－中国
－现代 Ⅳ . ① D92-4

中国版本图书馆 CIP 数据核字 (2022) 第 178848 号

当代法学教育创新与实践研究

作　　者：孙　明

责任编辑：唐波勇　　　　　　　　封面设计：优盛文化

出版发行：新华出版社
地　　址：北京石景山区京原路 8 号　　　邮　　编：100040
网　　址：http://www.xinhuapub.com
经　　销：新华书店、新华出版社天猫旗舰店、京东旗舰店及各大网店
购书热线：010-63077122　　　　中国新闻书店购书热线：010-63072012

照　　排：优盛文化
印　　刷：石家庄汇展印刷有限公司

成品尺寸：170mm×240mm
印　　张：11.25　　　　　　　　字　　数：200 千字
版　　次：2022 年 9 月第一版　　　印　　次：2022 年 9 月第一次印刷

书　　号：ISBN 978-7-5166-6459-9
定　　价：68.00 元

前　言

清代陈澹然曾说过："不谋万世者，不足谋一时；不谋全局者，不足谋一域。"作为高校法学专业教师，在开展教学活动的过程中应树立整体性思维，既要立足全局，从世界法学教育发展过程中获得启示，又需着眼自身，从中国法学教育历程中寻找、集成闪光点，弥补不足，还应从我国法学教学现状入手，解放思想，实事求是，探究符合本校发展实际的法学教学新路径，培养出应用型、复合型、素质型、创新型于一体的高层次法学人才，推动我国法治进程，促进富强、民主、文明、和谐社会的构建。在具体的法学教学创新与实践过程中，笔者以我国法学教育以及外国法学教育发展状况为"地图"，以立足我国法学教学实际为"定点坐标"，以进行法学创新实践为"未来的方向"，探究出多种法学教学方式，旨在培养出更多精英化法学人才，推动中国这条法治化大船驶向"成功的彼岸"！为此，本书围绕当代法学教育创新与实践研究进行深入分析，兼备实践与理论意义。基于此，笔者在本书的创作过程中，将其分为七部分。

第一部分：在此部分内容的论述中，笔者首先分析我国法学教育发展的整个过程，并在此基础上对使用的法学教学方法中的核心概念以及理论进行简要介绍，一方面为读者更为透彻地理解法学教学方法奠定认知基础，另一方面对后续教学方法的介绍起到承上启下的作用。

第二部分：在此部分内容的写作过程中，笔者首先立足全世界法律完善的国家，介绍德、日、美、英四国法学专业教育的发展现状，然后通过与我国法学本科专业教育状况对比的方式，探寻法学专业教学新启示，最后为我国法学专业教育教学起到一定的思路引领作用。

第三部分：笔者在此章内容的论述中，主要从 ESETT 课程评价体系及其在当代法学教学中应用的作用和策略三个角度论述，并引入多种主体评价机制，即教学管理人员、教师、专家、学生以及就业单位管理者，为现阶段法学教学的创新路径探索建言献策，旨在推动法学专业教学的良性发展。

第四部分：笔者以学分制为教学改革的方向，分别从学分制的特征、学分制的理论支撑以及具体运用三个角度进行介绍。值得注意的是，在本章的论述中，笔者着重从影响学分制运用的各个因素入手，以促进学分制的顺利落实，促进本校法学专业教学创新，提升整体的法学专业教学质量。

第五部分：在此章内容的论述过程中，笔者以法律人才市场为导向，首先分析人才市场与法学教学之间的关系，然后介绍新时代法律人才供给的新情况，并以新情况为法学专业人才培养的突破口，探究适应市场的人才培养路径，旨在促进法学专业人才供给与需求之间的平衡，在促进教学方式创新的同时，增强法学专业人才培养的精准性。

第六部分：在此部分内容的介绍中，笔者以司法公正观为核心，分别论述培养学生司法公正观的必要性以及原则，强调司法公正观的作用，并创新司法公正观培养的方式，让学生在意识到司法公正观重要性的同时，以此种观念为标尺，开展未来的法律工作，为推动我国法治建设贡献力量。

第七部分：在此部分内容的论述过程中，笔者注重从校企合作的角度论述，依次介绍构建务实高效运转机制的构成（教师、专业、基地、方向、机构）、校企合作的表现形式（产教融合协同育人机制）和实现校企合作的保障元素。值得注意的是，笔者着重在上述内容的介绍中穿插相应的实例，旨在更为直观地展现校企合作的实施方式，降低读者的阅读坡度。

目 录

第一章　总论

第一节　我国法学教育发展的历程

一、法学教育的初创期

1950 年后，我国对法学教育进行改革，"从民国时期形成的仿欧美大学教育为主导的模式（欧美模式），转向以苏联式专科教育为主导的模式（苏联模式）"。① 我国的法学教育经过院系改革后，逐渐形成了"三院十系"的格局。"三院"主要是培养政法干部的专门学院，具体为中国政法大学和华东政法学院（2007 年更名为华东政法大学）、西南政法学院（1995 年更名为西南政法大学）；而"十系"则包含 9 个法律系和 1 个政法系。9 所设有法律系的院校分别为湖南大学、中国人民大学、厦门大学、东北人民大学（吉林大学前身）、中山大学、广西大学、贵州大学、云南大学和新疆民族学院；设立政法系的大学是武汉大学。② "经过这次调整后，政法类专业学院建制和综合性大学法律系建制的二元格局基本形成，并确立了以政法学院为主培养政法干部、以综合性大学法律系为主培养师资的教育模式。"③ 这一时期，对于法律的认识还秉承马克思主义法学的基本观点，体现了法律的工具性。这一时期，我国法学人才的培养目标是为国家政法系统提供人才，培训国家司法干部。这也契合了这一时期国家

---

① 易继明.中国法学教育的三次转型 [J].环球法律评论，2011，33（3）：33-48.

② 《中国教育年鉴》编辑部.中国教育年鉴（1949—1981）[M].中国大百科全书出版社，1984：266.

③ 同①。

计划经济体制发展的主题，对于法治人才的需求还主要停留在国家层面。这一时期的另一个特点是国家法律体系还没有搭建完成，许多事务的处理还依赖于政策的调整，缺乏法律的基础，社会经济活动基本处于法律框架之外。

二、法学教育的成长期

（一）市场经济制度下的法治需求

1978 年，党的十一届三中全会提出改革开放的战略决策，这是中华人民共和国成立后第一次确立对外开放的基本国策，而这一次历史性的转变也将中国带入了经济快速发展时期。此后，随着居民生活水平的提高，人均可支配收入的增加，人们对于物质生活的需求也在增长。1992 年，党的十四大正式确立发展社会主义市场经济。至此，我国经济开始进入中高速发展模式，商品经济的发展开始提速。随着生活水平的提高和可支配收入的增长，物质生活和娱乐消费占比显著提高，社会经济活动日益繁荣，社会对于法律服务的需求也开始增长。同时，伴随着我国法律体制的完善，全民法治意识的增强，信法、守法、以法律捍卫自己权利的意愿也在增加。1997 年，党的十五大提出依法治国方略，建立社会主义法治体系，这既是对于发展社会主义市场经济体系的肯定，也是对于历史经验的总结。同时，《中华人民共和国法官法》（1995）、《中华人民共和国检察官法》（1995）相继出台，也标志着我国正将国家的各项管理和改革纳入法治框架。随着我国法治框架的逐渐完善，民众使用法律服务，以法律为武器捍卫自身合法权益的社会成本也逐渐降低。

（二）改革开放后法学教育的大发展

1977 年 8 月 4 日，我国法学教育重新走上正轨。[①]1978 年，党的十一届三中全会提出"有法可依，有法必依，执法必严，违法必究"的 16 字方针。1983 年，为进一步缓解政法人才紧缺的问题，同时为提高原有政法人员的专业素质，教育部、司法部强调"多层次、多形式办学""全日制教育与业余教育并举""除了继续巩固、提高和发展大学本科外，应大力发展大专、中专这两个层次"的办学方针，大力培训在职干部，大力发展广播电视大学、函授大学、自学考试等多种形式办法律专业。我国特有的"多层次、多规格、多形式"法学教育格局在这一时期基本形成。这一时期的法学教育发展主要以中低层次的法学教育

---

① 蒋安杰，刘显刚.法学教育 30 年盘点 [J].法制资讯，2008（9）：27-29.

为主，如中专法学教育、大专法学教育等，此种层次较低的法学培养模式的优点是培养周期短、见效快，能迅速弥补法学人才"真空"问题。

1992年，社会主义市场经济体制正式确立。市场经济体制的确立要求进一步明确对私有财产的保护，要求明确经济主体的市场地位，平等保护不同经济主体在经济活动中的合法权益，要求各种经济活动在法律的框架内进行。法治是市场经济得以发展的基石。缺少对于私人财产的尊重和保护，社会主体进入市场的意愿就会被抑制，市场经济也无从谈起。市场经济的建立和发展离不开法治建设，而法治建设则要求法治人才的有效输出。

1997年，"依法治国，建设社会主义法治国家"治国方略的提出，为已蓬勃发展的法学教育再添一把力。国家践行依法治国的决心与经济改革对于法治的实质需求，已经向市场散发出强烈的信号——法学人才将成为未来中国发展的"必需品"。学生和家长们似乎已经看到这条畅通无阻的法学大道在向他们招手。这也是同年高校全面并轨、学费高涨30%[1]，但法学报考仍然居高不下的原因之一。与此同时，高校也看到了这一"商机"，纷纷开设法学，而法学也成为高校"创收"的一个途径。法学教学既不需要实验室，也不需要任何仪器，几乎不需要成本就能办专业。一时间，各地高校除综合性大学法学院系和专门的政法院校外，财经、工科、农科、医科、水利、师范等院校也都开办法律系或法学院。这一时期，法学呈现出大发展的繁荣景象。

三、法学教育的成熟期

（一）市场经济制度完善与法治需求的转变

自改革开放以来，随着我国经济的不断发展，我们对市场经济的认识也在不断地加深。市场经济制度在我国经济发展中的地位不断提高，从市场经济建立初期市场在资源配置中的"基础性作用"发展到市场在资源配置中的"决定性作用"。随着国家运行市场经济的经验不断积累、调控市场经济的能力不断增强、完善市场经济制度的探索不断深入，我国的经济发展已经从单纯地追求量的发展模式转向追求质的发展模式。因此，我国的法学教育建设不能再继续坚持"爆炸式"的大发展模式，不能再单纯追求法治人才量的发展而大量开办学校、设立学院。为进一步推进我国法学教育对于市场需求的契合性，我国在1996年开始设立法学研究生专业学位，探索培养"应用型、复合型"法治人才，即法律硕士（Juris Master）。

---

① 蒋安杰，刘显刚.法学教育 30 年盘点 [J].法制资讯，2008 年（9）：27–29.

（二）法律硕士专业学位正式开展

1996 年，我国推行法律硕士专业学位，探索培养应用型、复合型高级法治人才。2006 年，我国法律硕士完成试点改革。法律硕士专业学位教育从 1995 年首批的 8 个试点院校，经过 1997 年、1998 年、1999 年、2003 年、2004 年的五审批，全国已达到 50 个培养单位。从 1996—2006 年，全国已累计招收法律硕士研究生近 50 000 人。易继明教授认为，培养单位虽然明确了法律硕士的培养目的，但是对于法律硕士应该如何培养、法律硕士学制的设置、法律硕士课程的设置、法律硕士学位论文要求等仍处于模糊的状态。法律硕士课程设置多以参考法学本科设置为主，难以将研究生培养与本科生培养进行有效的区分，即"大本科"培养模式，而学术评价上则直接套用法学硕士培养模式和评价指标，与培养应用型、复合型的高级法律人才的培养目标相去甚远。[①]

第二节　核心概念界定

一、ESETT 课程评价体系的核心概念界定

（一）课程评价的定义

学术界对"课程评价"这一概念的界定并没有统一的论述。课程评价虽然主要是对课程这一客体进行评价，但是因为评价取向、评价目标、评价指标、评价途径及研究出发点等方面的差异性影响，学者们对课程评价的定义也有一些区别。目前，比较有代表性的学说界定主要有以下四种。

一是"目标 - 方式说"（赵春鱼，2016），这种定义主要是从课程评价的目标及课程评价的方式着眼。二是"构成要素说"（杨洋，2017；孙洪涛，2016），这种类型的定义主要从课程评价的构成要素出发来进行定义。三是"建设层次说"（窦艳，2019），这种定义主要是以学校建设需求为课程评价取向。四是"功能 - 属性说"（郭芳芳、史静寰，2017；薛继红、王爱玲，2017；王润、张增田、章全武，2018；赵建义、赵永强、王爱国，2019），这种类型的定义则是从课程评价的属性和功能入手。

---

① 易继明.中国法学教育的三次转型 [J].环球法律评论，2011，33（3）：33-48.

对"课程"一词的定义，教育理论界一直存在着各种观点和争议。"评价"同样是社会科学领域颇具争议的概念。课程评价作为"课程"和"评价"的复合名词，其定义和内涵也不可避免地陷入百家争鸣之中。笔者认为，课程评价是以人才培养目标为导向，基于一定的价值标准，通过科学的评价指标对课程的价值和效果进行评估的过程。

（二）ESETT 课程评价的定义

ESETT 课程评价是一种基于"五需"，即学科发展需求、课程教学需求、学生发展需求、用人需求、兼顾专业发展和人才培养需求的新型教学评价体系。ESETT 课程评价体系涉及五方面的内容，分别是用人单位管理者（employer managers）、教学管理人员（teaching administrators）、教师（teachers）、专家（experts）、学生（students）。这种课程教学体系十分适用于高职刑事法律实务，具有较强的指标作用。

二、学分制在当代法学教学应用中的核心概念界定

（一）学分制核心概念

如图 1-1 所示，为了更为直观地了解学分制，笔者重点从学分制核心概念构成的三个角度，即学分制的起源、学分制的定义、学分制的类型进行详细介绍。

图 1-1　学分制核心概念构成

1.学分制的起源

学分制是由美国卡内基教学促进基金学会提出的，是衡量获得某个学术学位的重要依据，如博士学位、硕士学位以及学士学位等。1984 年，美国的哈佛

大学医学院首先运用学分制。21 世纪初，学分制在美国各大高校得到了广泛的普及。

2. 学分制的作用

学分制是一种现代型的管理制度，一方面可以了解学生的实际学习状况，另一方面可以对学生进行针对性管理。具体而言，学分制的要求较为宽泛，只要学生掌握相应的知识，即可获得相应的学分。

3. 学分制的类型

随着时代的发展，学分制出现了不同的类型。下面重点介绍三种常见的学分制类型，以便为法学教学的创新和实践提供必要的思维指导，促进法学教学的良性发展。

（1）学年学分制。学年学分制兼顾了学分制和学年制的两种特点，即学生可以在规定的时间内学习更多的知识和积攒相应的学分，旨在充分满足学生的全方位发展。

具体而言，在运用学年学分制的过程中，法学专业的教师可以结合实际教学需要，设定相应的必修课程，如将法学专业的专业课、专业基础课、公共课列入法学必修课中，将其余与法学必修课相关的课程列入选修课中。这种制度的优势是学生可以在掌握基础的法学专业知识的前提下，根据个人的实际法学学习个性化需要，选择多样性的内容，在拓展学生法学学习视野的同时，为整个法学教学的有效性赋能。与此同时，法学专业的学生可以通过构建社团的形式，参与到对不同法学知识的探究中，更为细化地学习相应的法学知识，构建具有层次性、结构性的法学知识。

（2）完全学分制。完全学分制是一种较为灵活的教学管理制度，以绩点和学分作为学生学习质和量的计量单位，以学生取得必要的最低学分为标准。完全学分制兼顾多种教学体制，如绩点制度、淘汰制度、导师制度等。这种制度的优势在于充分满足不同法学基础学生的学习需要。对于优秀的法学学生而言，他们可以提前学习相应的法学知识以及撰写毕业论文。对于基础薄弱的法学学生而言，他们可以结合个人的法学基础，适当地延长法学知识的学习时间，更为扎实地掌握相应的法学知识。这种制度的优势还体现在，学生具有较强的自主性，可以根据个人的实际法学学习基础和能力，设定相应的学习计划，自主进行法学知识的学习，增强个人独立的法学知识学习能力。

（3）附加学分制。附加学分制是一种以课堂之外的实践活动为基准的学分制形式。在本科类法学专业授课中，此专业的学生需要获得不少于 10 个课外附加分。学生可以通过多种途径获得这些学分，如文体活动、社会工作、学术活动、学科竞赛等。在开展上述活动的过程中，教师可以将法学知识融入其中，如组织学生模拟法学大讲堂开展相应的学术活动，促进他们法学逻辑思维的形成等。附加学分制的设立目的是促进法学专业学生的全方位发展，增强他们未来职业的竞争能力。

（二）实行学分制的条件

1. 导师制为学生在法学专业选课中提供必要指导

受到传统教学方式的影响，部分法学专业学生在学习过程中难免出现无法有效选择相应的法学科目以及在学习中缺乏自我有效管理的状况。对此，在法学专业学分制的开展过程中，笔者认为落实导师制度十分必要。此种必要性主要体现在以下三点：

（1）选课。在法学专业相关科目的选择过程中，教师一方面考虑学生的法学专业学习水平，另一方面综合运用个人法学教学经验，在学生进行法学专业课程的选择上提供必要的指导，让他们真正选择适合个人的法学科目。

（2）学习。在法学专业相关课程的学习过程中，教师可以通过多种方式与学生沟通，了解他们相应科目的学习状况、遇到的问题等，并结合学生的法学专业基础给予必要的指导，实现精准的法学课程教学。

（3）辅导。学生在法学课程的学习中难免会出现各种心理问题，如针对某一知识点产生较为强烈的畏难情绪。对此，高校教师可以适时地对学生进行心理疏导，并向学生讲授科学的疏导心理的方式以及法学学习方式。比如，教师可以让学生将一个高难度的知识点划分成几个部分，并思考解决这些知识点的途径，如网络搜索、请教他人等，从而使学生在教师的辅导下更为冷静、全面地分析问题，克服他们的不良心理，发挥法学教学的辅导性作用。

2. 弹性学分制增强法学专业教学的开放性

弹性学分制可以最大限度地满足法学专业学生的实际学习需要，增强法学教学的开放性。弹性学分制满足学生法学学习的需要性方面主要体现在以下两点。第一，法学基础差异性的需要。高校法学专业学生可以结合个人的法学学习基础以及学习需要，进行针对性的法学课程选择，即具有较大的法学学习自主权。第二，满足法学学习异步性的需要。学生在实际的法学学习过程中，受到多种因素共同制约，导致实际的法学学习缺乏同步性。对此，高校法学专业学生可以根据个人的实际法学学习状况，选择提升法学学习进度，或是延长法学各个专业的学习时间，实现异步式的法学学习需要。比如，有些学生为了更为积极地投入"双创"学习的过程中，可以开展有针对性的异步学习，即先在社会上进行实践，掌握更多的法律专业知识，然后再回到学校进行更为有针对性的法学学习。总之，通过开展弹性学分制，高校可以为学生提供更为多元的法学学习场景，增强此门课程教学的开放性，满足法学专业学生的学习需要。

3.选课制促进法学专业学生学习自由的最大化

选课制促进法学专业学生学习自由的最大化表现在于以下三点：

（1）课程内容选择自由的最大化。法学专业学生可以根据个人的实际法学学习状况，以个人在法学专业学习中存在的知识漏洞为依据，选择相应的法学专业课程。

（2）自我管理自由的最大化。学生在选择相应法学科目后，可以灵活安排具体科目的学习时间、学习内容，即制定相应的学习计划，更好地进行自我学习管理。

（3）个性化发展自由的最大化。在进行法学专业相应科目的学习过程中，学生可以从个人的法学学习优势出发选择相应的法学科目，更为重要的是，学生可以最大限度地发挥个人的学习潜能，实现跨学科、跨年级的法学科目学习，最大限度地满足学生自我发展的需要，增强学生的综合法学学习能力。

三、以司法公正观为指导开展法学教学创新的核心概念界定

（一）"公正"释义

公正问题涉及社会生活各个领域，是很多学科关注的重点，所以学者们从本学科视角出发界定公正，使公正的内涵不可避免地被打上学科烙印。不仅如此，即使同一学科，甚至同一个人，也会在不同的层面探讨和研究公正。因而，准确界定公正并非易事。为了更为直观地呈现公正的定义，笔者着重从"公正"释义中的四个角度论述"公正"与"得其应得"之间的关系（图1-2）。

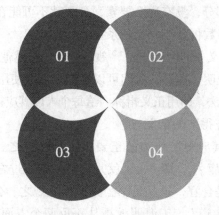

图1-2 "公正"释义

（图中文字：）
"得其应得"是公正的本质要义　01
"得其应得"的公正内涵追溯　02
我国对"得其应得"的定义　03
"得其应得"被定义为公正本质要义的原因　04

1. "得其应得"是公正的本质要义

尽管人们探讨公正的层面和角度不同，并且形成了许多迥异的公正概念，但综合来看，还是存在一个较为集中的基本的认识，即公正是人与人之间、个人与社会之间关系的均衡合理，不过多，也不过少，或者说"得其应得"。

2. "得其应得"的公正内涵追溯

"得其应得"的公正内涵最早可以追溯到古代雅典的梭伦。他从政治管理的角度得出，正义就是"给人以应得"的判断。他在雅典的改革就是以公正、不偏不倚为价值基础的，正如他所写的诗歌中表达的思想："我拿着一只大盾／保护双方／不让任何一方不公正地占据优势……我制定法律／无贵无贱／一视同仁"梭伦对"得其应得"的公正认识奠定了西方公正思想的根基。亚里士多德将公正作为一种结果，同时将它与人的行为相联系，并指出，一个人做了什么就得到什么回报，才最公正。[①]古罗马著名法学家乌尔庇安认为，公正乃是使每个人获得其应得的东西的永恒不变的意志。他对公正的这一定义对后世产生了很大的影响。英国近代著名哲学家穆勒则从正反两个方面阐述了公正在于"得其应得"的本质，他说："每个人得到他应得的东西为公道；每个人得到他不应得的福利或遭受他不应得的祸害为不公道。"美国现代著名法理学家博登海默进一步提升了"得其应得"之于公正的地位，他指出，给予每个人以其应得的东西的意愿乃是正义概念的一个重要

----

① 亚里士多德.尼各马可伦理学[M].廖申白，译.北京：商务印书馆，2003：141.

的和普遍的有效组成部分，没有这个要素，公正就不可能在社会中兴盛。[①] 马克思在谈论公正时，大多数将其与分配联系在一起，即把"一定的道德体系所认可的对社会成员之权利和义务的恰当分配"[②] 视为公正。虽然他没有给公正下过定义，也没对它做出专门的说明，但是，我们可以推断，他在使用这一概念时可能是沿袭了当时人们的一般用法，即用正义指称"给每个人以其应得"[③]。

3. 我国对"得其应得"的定义

在我国，将"得其应得"作为公正要义也早已有之。孔子就曾说过，"义者，宜也"（《礼记·中庸》），即"义"就是合宜，既不过之，也无不及，而"过分"与"不够"都不是合宜，也就是不公正。以此观之，公正就是适中与适宜，是两个极端之间的"中道"。王海明教授从正反两个方面指出，公正就是给人应得，就是一种应该的回报或者交换；所谓不公正，就是给人不应得，就是一种不应该的回报或交换。吴忠民教授则将"得其应得"的公正本质运用于解释社会公正问题，并指出，所谓社会公正就是给每个人他（她）所应得。[④] "得其应得"也是我们党和国家对公正的基本认识。习近平曾切中肯綮地指出，所谓公正司法就是受到侵害的权利一定会得到保护和救济，违法犯罪一定要受到制裁和惩罚。这一思想同样涵盖了"得其应得"的要义。

4. "得其应得"被定义为公正本质要义的原因

"得其应得"之所以被古今中外作为公正的本质要义，根本原因在于它符合人类朴素的公正观念。《圣经·旧约·申命记》中将"以眼还眼，以牙还牙，以手还手，以脚还脚"视为理所应得。中国自古也把"杀人偿命，欠债还钱"视为天经地义。现代社会中，责任大小与违法程度相匹配，罪责刑相适应也已经得到普遍认同。"得其应得"也是本书对于"公正"的基本界定。

（二）司法公正观界定

1. "司法"及其性质

现代意义的司法是指国家司法机关及其司法人员依法适用法律处理案件的专门活动。司法的主体是司法机关。在国外，司法机关一般指法院，司法就是

---

① 博登海默.法理学法律哲学与法律方法 [M].邓正来，译.北京：中国政法大学出版社，2004：277.

② 程立显.伦理学与社会公正 [M].北京：北京大学出版社，2002：45.

③ 段忠桥.历史唯物主义与马克思的正义观念 [J].哲学研究，2015（7）：3-11.

④ 吴忠民.走向公正的中国社会 [M].济南：山东人民出版社，2008：13.

法院适用法律的专门活动。在我国，司法有狭义与广义之分。狭义司法指人民检察院和人民法院的检察与审判活动。广义司法还应包括侦查机关的侦查预审活动。但是毋庸置疑的是，司法的中心应该是也必须是法院的审判活动，整个诉讼活动都应该围绕着法院审判进行。在民事和行政诉讼中，侦查机关和检察机关都无须介入，唯独法院不可缺少。在刑事诉讼中，无论是侦查还是审查起诉都应服务于审判，通过审判实现国家的刑罚权。由此可见，司法是司法机关主要是人民法院，适用法律、解决社会纠纷的活动。从这一认识中我们可以得出司法的一些重要特征。

（1）司法的政治性。一切法律设施本来都具有政治性质。司法属于上层建筑的重要组成部分，它通过对案件的裁决，促进社会稳定，来达到维护统治秩序的目的，因此法院、法官都应该具有政治意识。曾经担任过最高人民法院院长的谢觉哉先生就曾说过，我们的司法工作者一定要懂政治，不懂政治绝不会懂法律，如果司法工作者不懂政治，有法也不会司。从一定意义上说"司法是穿法袍的政治"①。

（2）司法的社会性。司法是实现国家权力的一种方式，也是解决社会纠纷的一种机制。在国家权力体系当中，司法机关充当的是后防人员和消防队员的角色。其主要职能在于：首先，解决社会活动中产生的各种纠纷，化解社会矛盾，发挥减震器的功能；其次，通过刑事裁决，司法机关将犯罪行为人绳之以法，预防他们再次犯罪，也教育社会公众遵纪守法；再次，司法对受害人权利进行救济，达到平息纷争，弥合受损害的社会关系，促进社会稳定的功效；最后，通过民事和行政裁决，司法机关明确了纠纷双方的权利和义务，实现各方"得其应得"，从而化解社会矛盾，保障社会更加安定有序、稳定和谐。由此，司法的社会性足见一斑。

（3）司法的专业性。我国古代，从鲁国的大司寇孔子到后来的科举取士高中者兼理地方司法，无不说明司法从来就不是全民性的工作，而是精英职业的专门化工作。司法的过程是司法人员依据事实进行法律推理和法律适用的过程，具有专业性和技术性的特征。如果没有经过专门的法律专业知识积累和实践能力训练，是不可能正确司法的。

（4）司法裁断的终局性。

①司法裁断终局性表现。司法裁断终局性表现为两点。首先，终结性。在社会其他裁决手段都不能发挥作用时，司法能够作为最后的裁断出现。其次，

---

① 王晨. 司法公正的内涵及其实现 [M]. 北京：知识产权出版社，2013：64.

稳定性。司法作出的裁断是最后的、一锤定音式的终极裁断，一般情况下不能被否定，不会被推翻。

②司法裁断终局性意义。司法裁断具有终局性，是现代文明国家司法的共性。终局裁断对维护社会的稳定是必不可少的，悬而未决、无法彻底平息的纠纷不仅消耗了人们的精力与时间，也使社会公平正义长期得不到伸张，增加社会不稳定因素。因此，社会需要终局的裁断机制，且这个机制能使人"得其应得"，使人们获得心理平衡，也使人们的生活恢复到正常状态。同时，通过终局裁断，社会秩序得到修复，公平正义得到彰显，从这个意义上说，司法是维护社会正义的最后一道防线。

2. 司法公正的概念及其特点

司法公正观中最为关键的范畴是"司法公正"。作为一种特殊的公正类型，司法公正既有公正的一般特性，也有自身独特个性。

（1）司法公正的概念。司法公正的含义如何界定，学界对其认识尚不一致。中外学者从各自的视角研究与使用司法公正，形成了不同的司法公正概念。

①司法公正概念的聚讼与共识。在英国《牛津法律大辞典》中，司法公正被表述为，司法机关在适用法律过程中严格按照有关法律规则和程序办事，不枉不纵，不偏不倚，从而使各种纠纷获得圆满妥善的解决。我国学者对司法公正有多种理解，如有的学者认为，司法公正概念大体上可以归属于"结果本位的司法公正理论"和"程序本位的司法公正理论"两大类。虽然表述不同，但有一个共同点，即这些观点都从过程与结果的视角，兼顾了程序公正与实体公正，以权利与义务的分配为内容来讨论司法公正。换言之，程序公正与实体公正都被视为司法公正的重要目标、核心内容或基本要求。

②本书观点。司法公正是一种集实体、程序、感受于一身的公正形态。或者说，司法公正是司法机关通过适用法律、解决纠纷，使各方当事人和社会公众获得"得其应得"的一种感受。司法公正核心内容除了实体公正与程序公正之外，也应该包含感受司法公正。"感受"是指主体接触外界事物得到的影响或者体会；感受司法公正是人们直接或者间接接触司法个案后，对案件中各方是否"得其应得"的一种内心体验。感受公正是对实体公正与程序公正的直接感知与结果检验，因而是比实体公正和程序公正更高的要求。

（2）司法公正的特点。

①司法公正属于矫正的公正。按照亚里士多德的观点，公正分为分配公正和矫正公正。矫正公正是一种恢复性公正类型，在人们违反了秩序的稳定性或者说违反了分配正义的时候才开始出现。因此，矫正公正要求对过失作出赔偿

或剥夺一方当事人的不当得利就势在必行了。从一定意义上说，任何社会冲突都包含对某一社会公正原则的扭曲，而司法通过公正的裁判，对被扭曲或混乱的权利与义务关系进行重塑，对遭到破坏的社会秩序进行修复，以达到矫正的目的。以刑事司法为例，一方面，司法机关通过剥夺行为者的财产、权利、自由，甚至生命的方式，使侵害者受到损失，得到惩罚，使他们"罪有应得"；另一方面，司法机关通过救济受害人，使他们得到赔偿或者慰藉。

②司法公正主要表现为个案公正。个案公正是相对于整体公正而言的。法律具有普适性，是针对所有人的规则，旨在实现社会一般公正。司法是具体的，是围绕每一起具体案件展开的。司法机关运用法律处理具体纠纷，解决特定人之间的矛盾，因而司法公正不是空泛的、抽象的概念，而是具体的公正、特定化了的当事人的公正，或曰个案公正。当然，人们也会从整体意义上评价司法公正，但其基本依据与感受仍然是个案。只有个案公正的叠加效果才能形成司法整体公正的印象，而个案不公正必然影响人们对司法公正的感受。因此，可以说司法公正主要表现为个案公正。

第三节 相关理论依据

一、ESETT 课程评价体系在当代法学教学中应用的理论依据

（一）理论融合点一：利益相关者理论

1. 利益相关者的定义

利益相关者是指两类人群：一类人群是可以直接左右目标实现的人；另一类人群是极易受到实现目标者影响的人。将 ESETT 评价理论融入法学教学中的意义在于两点。其一，厘定评价的主体。主体包括教学管理人员、教师、专家、学生以及就业单位管理者。其二，实现共同目标。为了实现更为科学的评价，各个主体可以参与到同一法学知识的探讨中，激发法学学习主体，即学生的学习能动性，让他们掌握更为科学的方法。

2. 提升法学教学的科学性

在法学专业教学过程中，教师需要遵循科学性原则，让 ESETT 评价理论更为有效地运用到实际的教学中，促进教学相长，提升整体的法学授课教学水平。笔者在此对提升法学教学科学性的三要素内容进行简要介绍（图 1-3）。

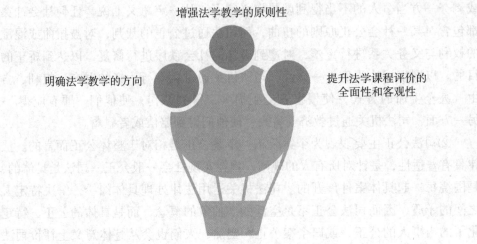

图 1-3　提升法学教学科学性的三要素

（1）明确法学教学的方向。通过引入 ESETT 评价理论，高校法学教师以及学生可以更明确法学教学的方向，即从目的方面进行法学教学的分析。目的一，明确此种教学评价对课程改革的意义；目的二，认识此种教学评价对学生的意义。

（2）增强法学教学的原则性。在运用 ESETT 评价体系开展法学教学过程中，任课教师以及学生可以以获利原则和贡献原则为依据制定相应的法学教学评价原则，让学生真正在实际的课程教学实践过程中贡献个人的力量，促进学生法学学习和教师法学授课的"双丰收"。

（3）提升法学课程评价的全面性和客观性。法学教师将 ESETT 教学评价融入实际的课堂教学中，让学生接受更为全面的法学教学评价，使他们真正从多个角度思考、解决个人在法学学习中的问题，逐步在他人的"提点"下掌握法学学习规律，获得整个法学学习能力的提升。

（二）理论融合点二：系统论

1. 系统论的特点

关于在系统论的特点，笔者主要从系统特点、系统教学核心思想、完成教学任务以及系统教学目的四个角度进行论述。

（1）系统特点。在系统特点方面，系统论是一种特殊的教学模型，是在认识教学要素的基础上，研究各个教学要素之间的关系，并在把握实际教学规律的基础上构建的一种新型的教学模型，这也是此种系统的特殊之处。

（2）系统教学核心思想。在系统教学核心思想方面，系统论注重从整体的教学对事物进行分析，并注重在整体的角度上把握事物的发展方向，从微观的角度找准教学的切入点，实现教学要素、教学环境以及教学方法之间的完美融合，最终达到优化教学过程的目的。

（3）完成教学任务。在完成教学任务方面，教师在运用系统论的授课过程中，一方面要把握法学教学的规律，另一方面要真正将这种教学规律实际运用在课堂教学中，真正从多个角度进行课堂教学的优化，充分达到满足"五需"的教学目的。

（4）系统教学目的。在系统教学目的方面，高校教师在了解系统论特点的基础上，将此种教学特点与个人教学目的相联系，在实际的课堂教学中更为游刃有余地开展法学教学，最大限度地实现法学教学目标。

2. 系统论与高校法学教学的契合性

系统论与高校法学教学的契合性主要体现在整体、教学需求以及教学矛盾三个方面。

（1）整体。此处的整体是指法学教学的各个因素。在开展法学教学的过程中，教师应该树立整体观念，深入解读系统论，并且在法学的授课过程中既要立足整体，即从法学教学的趋势入手，又要立足现状，从学生的实际法学学习基础切入，正确把握好整体与部分、宏观与微观之间的关系，在结合法学教学特点的基础上，从全局入手进行法学教学实践，取得"部分功能之和大于整体"的法学教学效果。

（2）教学需求。在教学需求方面，教师在设计法学课堂教学时需要从"五需"入手，在结合社会对法学人才需求的基础上，兼顾法学教学的规律以及学生的实际学习水平，运用相应的法学授课方法，设置相应的法学授课场景和环节，真正让法学课堂满足"五需"的要求，获得良好的法学教学效果。

（3）教学矛盾。在教学矛盾方面，高校教师在设计法学课堂教学时，需要处理好两对矛盾。一对矛盾是教师与学生之间认知的矛盾。教师在认识到师生之间存在认知矛盾的基础上，需要从学生的立场思考问题，真正以学生的视角重新拟定教学内容、授课方式以及教学目标，让他们真正感受到法学的"亲近感"，并自主融入法学学习的情景中，促进学生更为直观、高效地了解法学知识。另一对矛盾是新旧教学内容之间的矛盾。随着社会的不断发展，人们所处的环境日益复杂，面对的问题日益多样，这也要求国家的法律进一步更新。为了适应这种趋势，法学教师在教学的过程中需要不断融入新的、适应时代发展的法学知识，并准确认知新旧法学知识的相同点、不同点，真正解决新旧法学知识矛盾的问题，让学生在学习新的法学知识时联系旧的法学知识，实现新旧知识的衔接，在某种程度上克服新旧教学内容之间的矛盾，从而推进法学教学的体系化。

二、以司法公正观为指导开展法学教学创新的理论依据

（一）人的全面发展理论

人的全面发展是按照人应有的本质，以一种全面的方式，也就是说，作为一个完整的人，占有自己的全面的本质，也是指人的精神和身体、个体性和社会性都得到普遍的、充分而自由的发展。只有全面发展的人才能真正作为"主体"存在，才能发挥出"首创精神"。教育是促进人的全面发展，克服人盲目的自然必然性和社会必然性，实现从必然王国向自由王国飞跃的有效手段。实现人的全面发展也是教育的价值追求。司法公正观的培育是促进特定的个体在精神、人格、品质、素质、能力等方面的全面发展，帮助学生增强理想信念，提高其司法素质与能力的必然要求。由此可见，它是人的全面发展的应有之义。

（二）灌输理论

灌输理论强调了科学的、系统的社会主义思想必须通过学习、教育、宣传等自觉的、有意识地培养才能被人们掌握，其实质是强调意识形态、科学理论必须经过外界教育传输给人民，武装人们的头脑，成为人们思想的一部分。尽管今天已经不同于列宁所处的时代，但是灌输理论并没有过时，而是得到越来越多人的认可与提倡。

政治意识、思想观念等精神领域的东西，有其自身的发展规律和特殊作用。非自发性是其重要特征。司法公正观是特殊的公正观，是国家在特定时代对司法公正相关问题的认识，它不可能不学而知，不教而会，而是必须通过有意识地培育从外界灌输给学生，使他们对司法公正的认识从无到有、从模糊到清晰，最终将这些认识内化为自己稳定的价值观。

（三）文化传递理论

文化传递理论可以简单地概括为将必要的知识一代代传递下去以保持文化认同的过程，因而学校教育的主要目的是知识、技能、价值观、社会规则以及道德规范的传递。该理论强调，培养受教育者的文化顺应是教育的重要目标，离开了教育，文化传递将被大大削弱，甚至难以为继。可见，文化传递是人类

社会生存与延续的重要方式，而文化传递理论的实质在于强调教育就是按照特定社会要求塑造学生，使他们成长为符合社会要求的公民。司法公正观培育的目的就是希望通过教育将社会的文化要求、核心价值观传递给学生，以此塑造他们思想，进而塑造他们行为，使他们成为符合社会需要的人。

（四）道德认知理论

美国当代著名心理学家和教育家科尔伯格经过多年广泛的实证研究后认为，个体道德发展总体上可以分为"三水平六阶段"。这三种道德水平即前因循水平、因循水平和后因循水平。在处于前因循水平时，人采纳的是自我中心观念和具体的个人主义观点，对文化的规则和标记中的善恶是非观念十分敏感，但根据行为的实际后果或权利来解释规则。在处于因循水平时，人已经内化了现行社会的规则，能够顺从社会秩序，且有维护社会秩序的内在愿望，行为价值以遵守规则为依据。在处于后因循水平时，人已经对道德问题有自己的独立判断，认为道德决策取决于权利、价值和原则。大多数青年和成人都处于第二个水平，属于道德发展成熟与不成熟的过渡阶段，有接受社会规则、价值的意识与愿望，可塑性大。这个理论提醒我们，司法公正观作为一种价值观是可以塑造的，而且应该抓住关键时期进行培育。

第二章　当代法学专业教育创新的背景概述

第一节　外国法学专业教育发展状况

一、德国的法学专业教育

德国高校既强调学术研究，也重视人文素质教育，其教育的出发点为传授法律知识，培养法学思维，倾向于培养通才型的法律人才。德国法学专业教育之最高原理，不外职业的教育与人格的熏陶，由此可以窥见德国法学专业教育理论与实务的紧密结合。为了更为准确地描述德国法学专业教育的特点，笔者主要从教育模式与职业准入两个角度进行介绍。

（一）教育模式

从教育模式来看，德国法学专业教育的职业训练色彩非常明显，采用的是双阶型模式，将"学术教育"和"职业教育"相结合，因此法学教育包括大学研习阶段和职业预备阶段，且每一阶段结束后要分别进行第一次考试和第二次考试。在第一次考试前的大学研习阶段，德国法学专业教育的目的是奠定学生的法学理论基础，教学内容也主要以理论知识为主；在第一次考试后的职业预备阶段，德国的法学专业教育主要是为了培养学生的法律职业能力和司法伦理道德。德国的法学专业教育兼具职业性和学术性，其在课程设置上不仅包括法律专业课程，也包括大量的人文学科课程，在教学方法上主要包括教师讲授、小组研习、案例演习、学术研讨等形式。

（二）职业准入

从职业准入来看，德国的考查模式相当严格，共分为两次国家考试。学生达到规定的学习年限后，可参加第一次国家考试。

1. 第一次国家考试

第一次国家考试分为笔试和口试两部分，主要目的是考查学生对法律的理解、应用和掌握的程度。笔试包括应试和论文两部分。在笔试成绩达到平均分后，学生可申请口试，皆达标准的应试者可取得第一次国家考试的通过证书，第一次考试通过率在60%～80%之间。经过考试制度改革，第一次国家考试被分解为由大学自行组织的大学考试和由国家举行的国家考试两部分，改变了过去大学教育与国家司法考试脱节的局面。第一次考试通过后，学生进入职业预备期。此阶段极大地填补了实践经验的不足，将理论与实践相结合，为学生蜕变为法律职业者做准备。预备期结束后，学生将面临第二次国家考试笔试和口试的检测。

2. 第二次国家考试

相较于第一次国家考试，此次考试在内容上更加具有针对性，提高了对州法的考查比例，旨在挑选知识、品行和能力皆符合优秀法律职业者标准的学生。此次考试，考生都有一次重考的机会，若第二次仍未通过，则意味着该考生将无缘法律职业。德国大学毕业生能够在严格的司法考试检测下合格并最终担任法官的比例仅有15%，由此可见德国法律职业准入的严格。

二、日本的法学专业教育

日本的法学专业教育在发展过程中广泛吸收和借鉴外国经验，不仅包括法国模式、德国模式，还有美国模式，并在联系本国实际的情况下，不断地进行调整和改进。

从法律职业准入来看，日本相当严格。日本的司法考试分为两次进行，与德国模式类似。不同的是，日本的司法考试门槛更低，不限制考生的学历。因此，第一次考试的难度较低，没有专业的法律知识，仅仅涉及考生的基本素养和教育水平。具有大学本科学历的考生可以直接参加第二次考试。第二次考试包括笔试和口试两部分，其中笔试又包含问答和论文两部分，其通过率之低可谓全球之最。

日本的法学专业教育更倾向于普及法律常识，其目的不是为了培养法律专职人才，而是提高学生的综合素质，加上司法考试的零门槛，加剧了法学教育与法律职业脱节的程度。

为了改善法律职业教育缺失的状况，日本借鉴了德国的"司法研修"制度，将司法研修作为司法考试合格后的衔接环节，使考生获得了锻炼的机会。司法研修期通常为一年半，分三个阶段进行。前期修习为期三个月，主要是进行法律实务基础知识的储备和基本技能的训练，是准备和入门阶段。实务修习为期一年，在此期间，修习生被分配到司法部门和律师事务所，由法官、检察官、律师进行一对一的业务指导和实务锻炼。后期修习是一个为期三个月的总结提升过程，修习生要在研修所进行集体修习，多以复合性的实务训练为主，如采用模拟法庭等形式。司法研修所结业后通过考试的学生方可成为真正意义上的法律职业者。

虽然司法研修在一定程度上弥补了日本法学专业教育所存在的不足，但法律理论教育和法律实务教育的融合程度仍不足。在改革的道路上，日本借鉴美国的法学院，结合自身实际提出法科大学院的构想，其法学教育注重实务，在教学方法上广泛采用美国经验，引入案例教学法、法律诊所式教学法，注重学生分析能力和辩论能力的培养。结业后的毕业生司法考试与本科阶段相比难度有所降低，考查范围是法科大学院的学习内容，通过率也有较大的提高，达到70% ~ 80%。同时，司法考试通过人数的增加也起到了充实日本法律职业人才的作用。

三、英国的法学专业教育

世界各国在法学教育上都致力于兼顾学术教育和职业训练，而英国法学教育具有自身独有的特点，即英国将两者作为两个阶段进行，由不同的机构训练。英国法学院是法学教育的初始阶段，是法律理论素质的培养阶段。英国的法学教育与欧洲大陆国家不同的是，尽管事实上很多律师都拥有大学学位，但获得大学学位并不是取得律师资格的必要条件。

四、美国的法学专业教育

与世界其他国家相比，美国的法治程度较高，其主要得益于美国特有的法学人才培养方式，这也是我国法学专业教育值得借鉴的地方。为了更为直观地展现美国法学专业教育特点，笔者以图 2-1 来概括美国法学专业教育的特点，并在图后进行详细的文字论述。

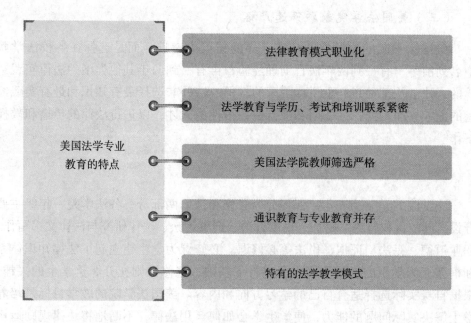

图 2-1 美国法学专业教育的特点

（一）法律教育模式职业化

美国的法律职业以律师职业为起点，一段时间的律师执业经验是从事律师以外的法律工作的先决条件。美国的法学院是典型的律师学院，其目标为培养优秀的法律专家。法学院为学生提供分析和解决法律事务问题的专门训练，并且高度重视学生的就业指导工作，同时根据市场的需求，不断调整培养模式，以使学生更加适应就业需求。

（二）法学教育与学历、考试和培训联系紧密

学生需要取得本科学历，具备学习法律的素质基础，才能进入法学院接受法律职业教育。法学教育包括法律硕士、法律博士、法学博士三个学位。其中作为主干学位的法律博士学位是法律职业的敲门砖，且只有具备法律博士学位，才能参加律师资格考试。各州的司法考试通过率有一定的差别，一般在60% ～ 90%之间，加州最低，仅为30%。通过考试的学生需要接受实务训练，时间为4 ～ 6周，主要的学习内容为法律文书的制作、法律职业伦理的培养、沟通、应对及表达能力等。

（三）美国法学院教师筛选严格

美国法学院的教师并非从实务界的精英中遴选，而是选择在各校法学院中名列前茅，有一到两年法官助理经验，再有一到两年其他类型的法律实践经验的人才。从某种意义上说，美国的教师遴选并非选择最有知识和最有实践经验的人才，而是选择最聪明和最有法律悟性的人才，以进行法律的传播和教授工作。

（四）通识教育与专业教育并存

法学院的学制为4年，课程分为必修和选修两部分。各法学院一年级主要开设合同、侵权行为、财产、民事诉讼、刑事诉讼、法律研究与法律文书写作、职业道德、宪法、证据、税法等必修课。必修课为学生建立起了法律知识体系和框架，为学生的进一步深入研究打下基础；选修课则充分尊重学生的兴趣，根据自身实际选择适合自己的学习方向和内容。美国法学院的教学目标是培养学生解决实际问题的能力，使学生学会如何运用法律，不断地将法律规则运用于具体事实，再从具体事实返回到法律规则，透过法律规则去发现潜藏在这下面的社会政策和实际管理方面的问题。

（五）特有的法学教学模式

从教学模式来看，美国的法学院主要采用"判例教学法"。教师在课前将讨论的内容告知学生，使学生在课余有充足的时间进行资料的收集和消化，课堂上，教师通过不断向学生提问的形式启发学生，使其进行有价值的思考，并在讨论中总结出判例所蕴含的法律理论，使抽象的法律理论具体化，从而培养学生的分析能力、逻辑思维能力和独立解决问题的能力，摸索锻炼出律师的执业素养。随着法律职业的细化，"判例教学法"的弊端显现出来，已不能满足社会对专门化法律职业人才的需求，因此有了"诊所式教育"作为补充。在诊所式教育方式下，法学院的学生需在教师的指导和监督下参与到法律实践活动中，并以经验为基础，通过实践进行学习。诊所式教育不仅能够锻炼学生的职业操作能力，而且能够使学生在实践中总结经验和技巧，形成自己处理问题的风格和技巧。美国法学院以"判例教学法"作为主要的教学方式，在"诊所式教育"的补充完善下，不断提高教育质量，为社会输送法律职业精英人才。

第二节　我国法学本科专业教育状况

我国的高校法学本科专业教育肩负着为国家培养高素质法律人才的神圣使命。一国法学专业教育的得失，攸关国家法治的前途。改革开放以来，各行各业百废待兴，迫切需要充实的法律人才，从而使各项社会事业纳入法治化轨道。高校的法学专业教育经历了三个阶段，即初创、受挫、恢复与发展三个阶段，每个阶段所展现的特点不尽相同，但总体趋势是螺旋式的上升。

一、法学本科专业教育的教育机构发展状况

教育机构的发展依托于经济基础，因而我国法学本科专业教育的起步较晚，先天发展条件不足，发展速度较为缓慢，经历了漫长的积累。随着经济的发展，我国当前的教学机构无论是在数量上还是在质量上，都实现了突破。从数量上来看，当前教育机构完全具备推广法律通识教育，承担起法律意识培养和法律知识普及的大众教育的任务，能够为我国法治社会的发展提供智力支持。从质量上来看，当前的教育机构质量整体得到提升，并且高水平的教育机构已经具备培养法律人才及输送法律精英的条件，能够承担起法学专业教育精英化的重任。

二、法学本科专业教育的师资力量发展状况

法学本科专业教育课程要产生良好的教学效果，一定程度上依赖于师资力量。教师质量和数量的提升是法学专业教育发展的前提和基础，而教师队伍的发展壮大在一定程度上能够促进办学规模的扩大。当前的教师数量同比增长率越来越高，增长速度越来越快，在绝对数量上能够直观地体现出师资力量的不断壮大。但是随着高校的扩招，教师数量仍然无法满足高校教育事业发展的需求，教师队伍与学生规模间的相对差距越来越大。因此，提升法学专业教师数量和质量成为未来法学教学的重要突破口。

三、法学本科专业教育的学生数量发展状况

法学专业的学生队伍是波浪式的发展趋势，先是缓慢发展，然后进入衰退阶段，改革开放后进入稳步提升阶段。因此，法学专业学生数量的发展趋势与

法学教育机构的发展趋势是相统一的，经历了发展到衰落再到发展的过程，呈现出螺旋式的上升趋势。伴随着高等教育的普及，现行的法学专业教育不再是少数精英阶层的高等教育，使更多的学生能够享受法学专业教育的资源，在招生数量和规模上已经呈现出大众化的趋势。

四、法学本科专业教育的课程设置现有状况

为了更为直观地展示我国法学本科专业教育课程构成，笔者运用图 2-2 对法学专业本科教育课程进行展示，并在图后进行相应内容的论述。

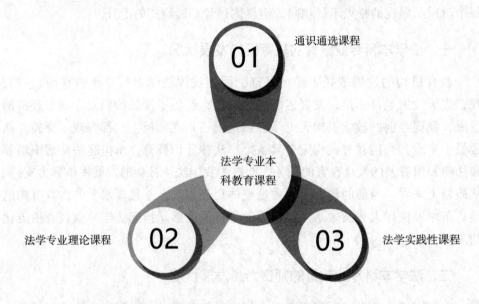

图 2-2 法学专业本科教育课程

（一）通识通选课程设置现状

高校所开设的通识通选课程不仅仅面向法学专业学生，而且面向不同学科背景的学生。通识通选课程开设的目的是培养学生的人文素养，增强学生对常识的了解，培养学生全面发展的能力。通识通选课程也关注学生的个性，是促进学生全面发展的重要手段。就本科学生来说，高校现阶段所开设的通识课程比较多样，内容更具有自主性。通识课程主要有军事理论、健康教育、就业指导、职业发展规划以及相关人文类、社科类课程。大多数高校都会针对这类通识课程设置课程学分，而学生学习通识课程必须修够规定学分。这种学分制的

方式能够促进学生积极选择自己感兴趣的课程，在学好本专业的必修课程之外，更加多样化地拓展自己的知识领域。

总的来说，现阶段高校所开设的通识通选课程都是在本专业以外需要学生学习的课程，能够很好地培养学生的综合素养。

（二）法学专业理论课程设置现状

《各大学专科学校文法学院各系课程暂行规定》是我国教育主管部门颁布的第一个法学专业教学计划，在该规定中，法学专业的基本课程只有 12 门。随着社会主义市场经济的不断发展，我国法学教学更加专业化。21 世纪，教育部明确规定了 14 门法学教学核心课程。现阶段，各个高校具有了更多的自主选择权，其法学专业理论课程的设置都是在参考教育部规定的核心课程上，结合本校法学发展的实际及特色，开设核心课程之外的法学特色课程。

例如，中国政法大学主要有法理学、宪法学、中国法制史、民法学原理、民事诉讼法学、刑法学、刑事诉讼法学、行政法与行政诉讼法、经济法总论、商法、国际法、国际私法、国际经济法学概论、知识产权法等专业必修课程；而西南政法大学主要开设有法理学、宪法学、中国法律史、刑法学总论、民法学、刑法学分论、民事诉讼法学、行政法与行政诉讼法学、商法学、刑事诉讼法学、经济法学、法律职业伦理、知识产权法学、劳动与社会保障法学、国际法学、国际私法学、国际经济法学、环境资源法学、中国特色社会主义法治理论等专业必修课程。其他高校的法学专业理论课程开设情况也与这两所高校类似。

综上所述，现阶段法学专业课程的设置相较过去来说是比较完善的，在专业理论课程的安排上也更为合理。

（三）法学实践性课程设置现状

近些年来，随着法学实践性课程教学内容变得更加多样化，很多高校在法学实践性课程教学中都做出了很多创新性的尝试，使学生也因此得到更多的实践性学习的机会。例如，有很多高校在专业课程教学中通过组织模拟法庭、法律援助、法律辩论等开展法学实践性教学。除此之外，还有部分高校的法学实践性课程教学模式具有一定的特色，如武汉大学、西南政法大学、北京大学法学院开设有法律诊所课程，浙江大学与司法部门合作为学生提供司法实践课程等。这些都是对法学实践性课程内容的创新，在一定程度上提升了法学教学的趣味性。

第三节 对我国法学专业教育教学的启示

一、对我国法学专业教育整体框架的启示

各国的法学专业教育在培养模式和特点上存在显著的区别，通过对比以上几个国家的法学专业教育，并结合我国的法学专业教育发展实际，能够对我国法律专业教育的发展产生重大的启示作用。

（一）英美法学专业教育的启示

英国、美国开设法学专业教育的经验告诉我们，应当提高法学专业教育的门槛。美国将法学专业教育的起点提高到研究生阶段，在本科阶段不开设法学专业教育课程，弱化了本科阶段的法学专业教育，强化了研究生阶段法学专业课程的学习。高层次的教育阶段意味着配备的教育资源更优质，相应的教师队伍更优良，以此能够提高教育的质量和水平。同时，这也意味着接受法学专业教育的法学专业学生的素质更高。对法学专业学生从数量和质量都进行筛选，在人才的输送上才能够满足社会对法学精英的需求。美国的"诊所式法律教育"是将医学院诊所式教育的模式引入法律教育中的一种新型的教育模式。目前，我国已经具备了开展法律诊所课程的硬件条件，其对我国高校的实际借鉴意义有待考证。不过，笔者对多数学者呼吁高校普及诊所式法学教育的提议持反对态度。

（二）德日法学专业教育的启示

从德国和日本的经验来看，要实现学生从学习到就业的平缓过渡，需要落实职业教育的实效，使学生将法学知识内化为解决具体问题的能力。在实际的执行过程中，笔者建议从司法考试制度以及法学专业教育机构两个角度着手。

1.司法考试制度

在司法考试制度的设计上，我国可以规定明确的法律职业教育形式、时间及考核标准，保障法律职业教育实效的落实。严格的司法考试制度可以为法学精英的挑选提供合理的标准，从而选拔出合格的法律职业人才。

2.法学专业教育机构

在法学专业教育机构的设置上，各国的设置门槛普遍较高，承担法学专业

教育的机构在办学质量和师资水平上能够提供高层次的教育环境。我国的教育机构与之相比，打造法律精英的实力和水平存在不小的差距，发展空间巨大，因此需要全方位地制定适合我国实际情况的优化方案。

二、对我国法学专业教学实施策略的启示

在法学专业教学过程中，教师既要更为全面地认识本校法学教学状况，又需结合相应的教学漏洞，向其他国家学习法学教学长处，以弥补本校法学教师存在的不足，并在查漏补缺中优化教学思维，创新教学方式，促进法学教学各个流程和元素的升级，促进整体法学专业教学质量的提升。如图 2-3 所示，笔者着重从其他国家法学教学对我国法学专业教学实施策略的启示中的四个方面内容进行详细解释，希望可以为促进我国法学专业教学质量的提升建言献策。

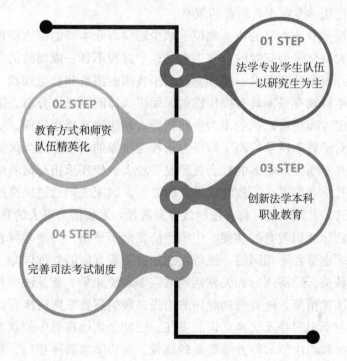

图 2-3　对我国法学专业教学实施策略的启示

（一）构建以研究生为主的法学专业学生队伍

中国法治建设的趋势越来越依赖于专业化、精英化的人才队伍，社会也需要法律实践和理论兼备的高素质人才。目前，我国法学人才培养处于摸着头过

河的探索阶段，相关的教育理论有待实践的进一步检验，这个过程无疑是漫长而曲折的。为了构建专业化、精英化的法学人才队伍，笔者建议从弱化法学专业的本科教育以及强化法学专业研究生教育两个角度入手。

1. 弱化法学专业的本科教育

（1）弱化法学专业本科教育的意义。社会的不断发展，需要法律人才的不断进步，需要法律职业者及时修补法律的漏洞和缺陷，需要法律精英们承担起保障社会有序发展的重任。反观现在的高校扩招，其已经使法学专业教育大众化。高校通过弱化法学专业本科教育，一方面可以合理控制法学专业的招生规模，将更为优质的法学专业资源集中在具有较强学习优势的学生上，在促进教学资源合理利用的同时，促进法学教学效率的提高，另一方面可以最大限度地运用本校法学教育资源，开展通识化教学，实现通识教育普及效果的最大化。

（2）弱化法学专业本科教育的策略。

①减少法学专业本科的招生规模。减少法学专业本科的招生规模是转变法学专业教育大众化最为有效的方式，但是这个过程不是一蹴而就的，需要相当长的时间，并根据社会需求不断调整。根据我国的国情和社会现状，要一刀切地取消法学本科教育是不具有操作性的，而应具体问题具体分析，区别现实状况来综合决定。高校可以就业率为参照指标，相应缩减招生比例，呈螺旋式的下降趋势。对于教学质量较高、师资力量较为雄厚的名校，应当保留法学专业本科教育，并不断投入更多的社会资源发展壮大，使其承担起培养法律精英的责任。对于教学效率不高、教学效果差的高校，国家应当通过提高办学资质的方式进行筛选，去粗取精，将有限的教育资源投入发展潜力更大的高校。

②发挥法律通识教育的功能。中国经济发展不平衡，各地差异较大，对法律人才的需求也是各不相同的。经济发达地区需要有能够处理国际、国内经济事务的法律精英，经济落后和欠发达地区需要定纷止争、普及法律观念、传播法律文化的法律精英。随着规则意识的增强，我们需要发挥法律通识教育的功能，而高校应承担起普及法律常识的重任，使社会能够在有序的状态下稳定发展。因此，被取消法学本科办学资质的高校，在法学本科停招后，其师资力量可开展该校法律通识教育，普及法律知识，进一步促进法律通识教育的大众化。

2. 强化法学专业研究生教育

社会对法律精英的需求会成为高校调整教育模式的间接推动力，使法学教育的培养模式针对不同人才需求进行调整。法学专业教育要满足当前法律精英的培养目标，需要从以下方面加以改革。

（1）法学专业课程设计的主体向法学专业研究生过渡。法学专业教育的优劣关系到整个社会的利益和秩序，法学专业教育的复杂性决定了法学专业教育的高起点和高层次。从世界各国的发展趋势来看，现代法学专业教育培养起点有向研究生发展的势头，未来我国也必然会随着法律在社会、经济生活中的地位和作用的提高，相应提高对法律人才的培养起点和素质要求。因此，法学教育的主体从本科阶段过渡到研究生阶段是大势所趋。目前，主要的两种研究生培养模式都存在显而易见的弊端。作为研究型人才的法学硕士，由于学习时间和学习深度的影响，科研水平难以满足社会和科研单位的需求；作为实践型的法律硕士，又苦于学术和就业压力的影响，很难把握专业的实践和就业机会。正是在这种两难的尴尬处境下，硕士毕业生的就业压力并没有随着学历的增长而有所减缓，相反却失去了年龄优势，在就业时面临更大的竞争。因此，要实现法学硕士阶段的培养目标，实现法学精英的输送，需要不断提升法学硕士的主体地位，实现专业学生队伍的研究生化。

（2）提高博士生在法学专业学生中的数量和比重。博士教育是目前公认的精英教育，应当理所当然地承担起培养法学精英的任务。在实际提升博士生数量方面，相关部门可以从师资力量、教学内容、高层次教育三个角度入手。首先，在师资力量上，博士阶段的教育水平无出其右，能够在理论深度上引导学生迈上新的台阶。其次，在教学内容上，博士阶段更加专注于学术能力的培养，更具针对性，更易于实现培养法律精英的目标。最后，在高层次教育上，研究生阶段的学术型人才在一定程度上仅仅意味着法律科研的入门，要真正成为法律学术精英，需要不断地接受更高层次的法学教育。学术成就需要研究能力的培养和研究水平的提高，这是一个集腋成裘的量变过程，不能一蹴而就。因此，时间上给以充分的保障是培养学术人才的前提和基础。

综上所述，针对不同的人才需求应当完善相应的培养模式。本科阶段的培养任务需要致力于通识教育的普及和大众化；研究生阶段的教育目标为培养法律职业人才；博士阶段的培养目标为培养法律学术人才，满足社会对法律精英的需求。

（二）精英化法学本科的教育方式和师资队伍

只有找准办学方针才能实现教学水平的飞跃。我国的高校也要具有成为培养法律学术人才学校的潜力。为了达到这一目标，高校一方面要立足当前的国情和社会实际，另一方面要提高自身的办学水平，为学生提供更优质的教学。要实现教育机构的精英化，笔者认为可以从以下角度入手进行相应措施的落实。

1.转变传统的授课方法

目前，高校的各专业在教学方法上大同小异，都是采取教师讲授的单向输出方式，很少有课程形成良性的双向互动。对于法学专业来说，理论知识的讲授和点拨是必要的，但采取单一的教学方式进行单向输出难以使学生成为合格的法律职业者。具体而言，笔者建议从教学方法以及教学方法选择两个角度入手：

（1）教学方法。在教学方法上，教师可以增加案例的分析和说明，让学生在课堂上联系真实案例对理论知识进行消化和吸收。在此阶段，课堂教学依然为主要的渠道和阵地。教师通过案例，联系社会实际，详略得当地为学生揭示案例背后所蕴含的法律原理，带领学生抽丝剥茧、由浅入深、循序渐进地形成自己分析问题和处理问题的独特风格。同时，教师通过具体的案例分析能够避免单一理论知识的枯燥乏味，可以将抽象的理论知识形象化，使学生理解得更为透彻，避免死记硬背。此外，学校要为学生提供更多的操作机会，使他们可以利用闲散的碎片时间达到实习的目的和效果。

（2）教学方法选择。在教学方法的选择上，学校需要具体考虑法学专业学生的特点。对于法学专业，学生在心理上会逐渐产生爱好倾向，将更多的时间投入擅长的领域和学科，因此在教学过程中，教师需要特别重视学生的参与性，结合课堂组织形式不一的普法活动，提高学生的参与意识和参与积极性，避免填鸭式的零互动教学。

2.引入实务经验丰富的教学人才

在教师队伍壮大上，高校可以将实务经验丰富的实践人才引入高校的教师序列。高校在组建实务型的教师队伍后，需要保障他们在本职工作和公益性兼职之间的平衡和兼顾。高校可将法官、检察官的课程安排在晚上，避免影响其工作时间，并给予同等的尊重和相应的福利，使学生能够吸收第一手的实务经验。

（三）重视创新法学本科职业教育

法律职业是沟通国家立法与法的实现的关键桥梁，法律从业者的素质直接决定着法律的实现状况甚至影响着国家的法治状况。发达国家都将法学专业教育和法律职业相互结合，使其相互促进、共同提升。

1.从三大国外法学专业教育模式中得到的启示

国外法学专业教育模式大致可以分为三种模式。第一种模式是英国和欧陆模式，即大学法学学习加实习研修的模式。德国、日本皆为此种模式。第二种模式是以美国为代表的北美模式，即本科非法学加研究生法学学习模式。第三种模式是澳大利亚模式，即把法学本科教育与其他专业的本科教育同时进行，学生经过六年左右的学习可获得法律和其他一个专业的双学士学位。无论是英美法系还是大陆法系，各国在教育模式、课程设置方面千差万别，但其也具有相同的宗旨和目标，即培养适应社会需求的高水平的法律人才。其共同的发展特点是越来越重视实践和学术的有机结合，力求法律人才培养的职业化。

当今世界各国都重视法律职业教育与考试培训。纵观各国的教育模式，学生在经过学术教育之后，都要进入职业训练阶段，并且严格将其作为职业准入的必经过程，在制度上保障了职业训练的落实。再对比我国的职业准入制度，通过司法考试之后，相关部门可以适时地延长实习期的时间，并通过多种方式测试，检查测试人员能否获得律师资格。公务员序列也缺少职业训练的相关要求。许多应届毕业生在通过每年九月的司法考试后，随即参加当年的公务员考试并成为法律职业者。在此期间，国家相关部门可以适时地增加职业训练这一环节，真正筛选出既具有扎实理论知识，又具备综合实践能力的未来法律职业者。

2. 我国高校应采取的具体措施

为了进一步提升法学教育与法律职业的衔接性，我国应在法律职业训练阶段承担起保障和监督的责任，除了统一提供实习机会，还要严格保障学生的实习时间。在日常的教学活动中，学校可以利用闲散的时间组织学生参与模拟法庭、法律诊所等实践性较强的活动，日积月累，培养学生的实务能力。按照高校毕业生的考试日历，每年九月是司法考试月和公务员考试月，考试结束后大部分的学生进入了漫长的空窗期，不能及时落实单位实习，浪费了大量的宝贵时间。因此，学校可以在十月安排集中实习，硬性规定实习最短到春节前止，最长不限，以充分保障学生的实习时间和效果。此外，在实践形式上，高校应当不断地创新活动形式，以提高学生的参与度。除了传统的辩论赛、法律知识竞赛、法治宣传、送法进社区等活动，高校还可以根据自身实际，考虑做到以下两点。

（1）筹建网络社区。如今互联网技术迅猛发展，学习方式已经渐渐转移到包罗万象的网络学习。网络自身的优势若能转化吸收为高校法学专业教育的优势，势必为高校法学教育的改革和发展锦上添花。网络具有资源丰富、传播便捷、形式多样、交流互动、形式多样等优点，能够有效弥补法学传统教育方式单一、知识更新不及时的缺点。筹建网络社区可以聚集越来越多的同窗，集个人之力，在浩如烟海的网络知识中去粗取精，提供一个知识交流和互动的平台。

目前，随着网络通信技术的发展和普及，网络社区在小范围内已初具雏形，如以朋友圈为代表的熟人社交能够通过网络平台实现师生之间、同窗之间的信息交流与共享，获得相对理想的效果。

基于上述情况，学校应当发挥自身的凝聚力和号召力，组建法律交流社区，汇集公、检、法、律各方面的社会人才和社会资源，使学生在网络学习的过程中日积月累，从而达到润物无声的理想效果。

（2）兴办法律社团。社团是学生根据自身的兴趣爱好组建的学习团体，活动多样、形式灵活、自主性强，不仅能够锻炼学生的组织策划能力，也能发挥学生的特长。相对于网络的虚拟，法律社团能够将思想上的观念物化为具体的行动，使参与其中的学生对法律产生更为直观和具体的理解与体会。由于自主性强，社团成员有更多的权利和自由选择自己喜闻乐见的活动形式，参与的积极性和主动得到有极大的提高，活动的效果和成效是所有强制性的实践活动所不能比拟的。此外，法律社团活动的实用性和实践性也更为贴切。法学专业教师可以运用法律社团的形式，把法律从空洞抽象的理论知识体系中提取出实用的部分，更多地关注真实的生活，将这一活动形式逐步从高校推广到社会。

（四）完善司法考试制度

法学专业教育虽有其特殊性，但离不开我国教育体制的大环境。为了破除体制性障碍，解决结构性矛盾和政策性问题，我们需要完善司法考试制度，才能对高校法学专业教育做到治标治本。

1. 完善考核制度

法学专业教育制度的改革离不开考核制度的完善。在我国，司法考试制度的设计初衷是规范和提高法律职业人才的能力和素质。我国的职业准入制度比较复杂，在通过司法考试之后，还要参加公务员考试，方可成为一名法律职业者。多重的考试制度实际上是一种社会资源的浪费，在一定程度上还会造成优秀人才的流失。法律职业的准入门槛越高，则会有越多的学生望洋兴叹，使其退而求其次，选择就业压力较小的专业，这一点可由法学报考由热转冷得以印证。

2. 改革考试形式

司法考试的改革，首当其冲的是考试形式。司法考试应改革应试化的考查方式。司法考试的客观题仅仅通过四个选项来考查，不能充分反映出考生的知识储备和法律素养。德国和日本的司法考试在笔试之外，都增加了口试的环节，能反映考生的综合素质和应变能力，这些都是作为法律职业者的必备素质。因此，笔者认为，对于国外经过时间检验的经验，我国可以适当地借鉴和引进，增加主观题的考查比例，并且在笔试结束后，增加口试或者论文等考查形式，通过更加直观的形式对考生的综合素质进行检验。另外，司法考试通过率过高，使法律人才开始处于过剩的状态。个别年份的司法考试通过率达到 20% 多，平均保持在 15% 左右。这个数字在任何发达国家都是难以想象的，而法治越是发达的国家，成为法律职业者的门槛越高。法律职业作为精英职业，需要选拔最优秀的人才，而非最有应考能力的人才。无论是参考各国的通过率，还是结合目前法律人才过剩的现状，都应当适当下调司法考试通过率，使其稳定在 10% 左右。我国可以参考日本的做法将司法考试分为两次进行，通过更为完善的选拔制度，严格把控法律职业人才的质量和数量。

第三章　ESETT 课程评价在当代法学教学中的应用

第一节　ESETT 课程评价体系

ESETT课程评价体系包含五个评价主体，分别是用人单位管理者（employer managers）、学生（students）、专家（experts）、教师（teachers）、教学管理人员（teaching administrators）。在运用ESETT课程评价的过程中，教师应在教学中将这种评价体系的优势发挥到极致，充分提升学生学习当代法学的参与性，使他们在掌握基本法学知识的前提下，逐步在案件的分析过程中加深对法学基本原理的认知，逐步具备科学地分析、解决相应案件的能力，使他们更好地适应未来的各种形式的法律工作，增强学生的岗位胜任能力。在实际的ESETT课程评价的应用中，笔者主要从ESETT课程评价体系的构建思想、构建标准、构建要点、构成要素四个角度进行详细论述。

一、构建思想

（一）以"两型"为 ESETT 课程评价的核心思想

1."两型"的定义及特点

（1）"两型"的定义。"两型"是指高校人才的应用型和素质型两方面的内容。在进行法学教学过程中，教师首先需要明确法学教学的方向，即从人才培养的角度入手，真正将学生打造成为综合素质高、适应法学未来就业趋势的"两型"人才，在适应我国产业结构调整实际以及适应人才要求的同时，向社会源源不断地提供高素质的法学人才，推动我国法治社会进程，发挥高校培养人才、推动国家进步的社会使命。

（2）"两型"的特点。在进行应用型和素质型人才特点的论述过程中，笔者侧重从以下三个角度进行简要论述。

①专业技能。扎实的专业技能是从事法律工作的必要前提。在进行法学授课过程中，教师在主观上需要重视学生的法学专业技能的提升，在客观上需要采用多种方式，如采用模拟法庭、开展角色扮演等方式，让学生在轻松愉悦的教学氛围中更为直观地掌握基础的法学知识，为他们更好地走入社会，从事法律方面的工作提供必要的知识储备。

②应变能力。除了夯实学生的基础法学知识外，教师还需要培养学生的应变能力，一方面增强学生在法学知识学习过程中的应变能力，另一方面提高学生在未来职场中的应变能力。在实际的法学授课过程中，教师可以采用多种法学授课方式，如案例教学法、参与研讨式教学法等，让学生在不同法学授课方式中学习不同的法学知识，掌握不同的法学思维方式，让学生的思维更为灵活，更好地应对法学学习以及工作的变化，增强学生的应变能力。

③创新能力。在未来的法学学习以及工作中，学生往往面临多种问题，尤其是面对很多不能直接运用法学知识解决的问题。为此，教师有必要培养学生的独立思考能力，并引导他们在理解基本法学知识的基础上，突破原有思维的局限，从更为多元的角度探究问题的解决措施，增强他们思维的创新性，使学生在未来的法学学习和未来的工作中突破性地解决相应的问题，增强他们思维的创造性。

2. ESETT 课程评价促进"两型"目标的实现

高校法学教师可以将 ESETT 课程评价模式融入法学授课过程中，促进学生法学知识运用能力的提升，增强他们的法学综合素质。在实际的落实过程中，教师可以从以下方面入手，推动"两型"目标的实现。

（1）将学生培养成应用型人才。在进行法学授课过程中，教师将学生的法学问题、与法律相关从业人员的看法等融入法学授课过程中，让学生掌握具有实用性的法学知识，并将这些知识运用在未来的工作场景中，真正将学生打造成为应用型人才。

（2）将学生培养成高素质人才。笔者认为 ESETT 课程评价像是一个"三棱镜"，可以折射出学生在法学学习中的不同问题，使他们意识到个人在法学学习中的优势和不足。更为重要的是，教师可以将学生在法学学习中存在的问题进行分类，如从理论、实践以及价值观三个角度入手，一方面夯实学生的法学理论基础，另一方面提升他们的综合实践能力，最后让学生真正在法学学习中树立正确的法学观，如司法公正观等，最终达到增强学生综合素质的目的。

（二）以"五需"为 ESETT 课程评价的指导方向

明确的课程评价方向不仅有利于增强教师法学专业教学的目标感，而且能够进一步增强学生学习法学的方向性，还能优化整个法学教学流程，促进法学教学整体结构的优化升级，提升法学教学整体的水平。为了更为直接地表示"五需"内容，笔者借助图 3-2 进行介绍。

图 3-2 "五需"内容

1.用人需求

衡量高校法学教学效果的最终因素之一是学生在毕业后的法学就业率以及薪资水平。为了获得良好的法学教学效果，教师在日常的法学授课过程中注重提高学生知识应用能力和综合素质，从而满足企业的用人需求。值得注意的是，教师可以"反其道而行之"，即以企业的用人需求为课程教学目标设立的切入点，真正将与法律相关企业中的从业人员的建议纳入法学目标设定中，在促进学生全面发展的基础上，培养他们文明执法的素质，让他们树立坚定的政治立场，使他们成为高素质的应用型法律人才。这样，学生在满足法律企业用人需求的同时可以凭借个人的专业能力和素养在法律行业获得较好的发展。

2.学生发展需求

学生是课堂知识的接受者，也是受课堂教学影响最大的学习主体。为此，在进行法学教学课程评价的过程中，教师需要充分满足学生的法学学习需求，并在征询学生法学学习意见的基础上，认识个人在法学教学过程中存在的突出问题。教师可以通过合理调整相应授课方法、内容和目标的方式来解决这些问题，并最大限度地满足学生的法学学习要求，解决他们在法学学习过程中的问题，使学生在法学学习中更为主动地借助教师、用人单位、教学专家等各个方面的力量，解决相应的法学学习问题，促进学生法学学习成就感的形成，从而获得良好的法学教学效果。

3. 学科发展需求

法学教学专家是决定学科发展方向的主要力量之一。为了让法学教学获得良性的发展，法学教师在教学过程中可以引入法学专家评价机制。法学专家通过点评的方式让学生树立正确的法学学习观念和思维的同时，还能通过实际评价的方式了解现阶段法学教学的实际，为后续法学学科发展方向的制定提供必要的实践资料支撑，为之后法学学科的发展提供更具有实践意义的策略，促进法学学科的科学发展。

4. 课程教学需求

为了满足法学课程教学需求，教师需要从内因和外因两个角度入手。在内因方面，教师需要重视自我评价，侧重对个人的教学经验、专业知识、教学方式以及教学结果进行反思，不断通过这种反思的形式获得专业授课能力的提升。在外因方面，教师要更为注重从他人的视角出发，如深入分析法学教学专家以及法律从业者的建议，寻找法学教学新的突破口。现阶段，为满足"两型"人才培养的需要，在实际的教学过程中，教师应兼顾理论授课和实践教学，注重引入新型的授课形式，如诊所式教学法、案例式教学法，为学生提供异彩纷呈的法学授课形式，增强他们的综合法学学习能力。

5. 兼顾专业发展和人才培养需求

在整个法学教学的过程中，学校教学管理者一方面负责法学专业教学的整体方向，另一方面对学校法学人才的培养具有重要的影响。在法学教学的管理过程中，教师需要与学校教学管理者构建双向互动机制，既要向学校管理者反馈法学教学过程中的问题，在获得他们认同以及帮助的情况下解决这些问题，又要接受学校管理者的监督，按照学校管理者制定的法学人才培养以及专业发展方向进行相应的法学教学，促进培养"两型"法学人才目标的实现。

二、构建标准

（一）市场导向性标准

构建 ESETT 课程评价的重要标准之一是以人才市场为导向。在实际的法律人才的培养过程中，教师需要将法律行业从业人员的观点纳入法学课程评价体系中，以实际的市场法律人才的需求为导向，一方面发现现阶段法学课程教学中的问题，另一方面以需求为导向进行法学教学改革，促进法学教学方式的创新，真正发挥 ESETT 课程评价在法学教学中的价值性、客观性、准确性以及科学性，促进法学教学的良性发展。

（二）评价立体性标准

在传统的法学教学评价中，教师注重利用"点面结合"的方式授课，即只是从学生阶段性的学习成绩（此为点）以及整体的教学状况（此为面），如教师的教学能力以及学校的软硬件条件入手，在推动法学教学进步的同时，也具有较大的提升空间。

为了构建立体性的评价标准，法学教师在沿用传统教学评价方式的基础上，需要从更为多元的角度入手开展立体化的法学教学评价，让学生对个人的法学学习有一个整体认知，让教师了解法学教学中的漏洞，寻找相应的教学突破口，在解决法学教学问题的基础上促进法学教学观念的升级和法学教学方式的创新。在实际构建立体化法学教学评价中，教师可以从以下三点着手。

1. 构建立体化的教学评价主体

在本部分评价体系的构建过程中，教师可以从"E""S""E""T""T"五个角度入手对法学教学进行立体化的评价。

2. 构建立体化的教学评价指标

在设定立体化教学评价指标的过程中，教师可以从隐性评价指标和显性评价指标两个角度入手。在隐性评价指标的设定过程中，教师可以以社会、用人单位对学生的评价为隐性评价标准。在显性评价指标的设定过程中，教师可以从本校的硬件教学资源以及软件教学师资队伍入手进行评价。

3. 其他教学评价指标

在设立其他教学评价指标的过程中，教师可以从延时性评价、结果性评价、形成性评价、质性评价、量化评价等多个角度入手开展相应的法学教学评价，让"评价之水"冲洗"法学教学问题之污垢"，促进法学教师教学观念和教学方式的全面升级，实现法学教学在各个角度的全面创新，为法学教学增加新的生机。

三、构建要点

在进行 ESETT 课程评价的过程中，教师需要抓住其中的主要矛盾，并以此作为开展法学课程教学评价的主要着力点，以实际的教学评价为依据，促进法学课程教学的规范化、效益化。在法学课程评价过程中，教师需要注意教学的四个要点（图 3-3）。

01　价值性　　　02　效益性　　　03　市场性　　　04　规律性

图 3-3　教学的四个要点

（一）价值性

ESETT 课程评价的价值性主要从学生个人发展以及社会发展两个角度入手。在学生个人发展方面，教师在法学授课过程中应树立"立德树人"理念，让学生在树立正确的"三观"的基础上，懂法、守法、用法。在社会发展方面，教师需要落实"两型"教学目标，让学生在学习专业的法学知识的过程中，逐渐具备较高的职业素养，并更好地适应未来社会对法律人才的要求。

（二）效益性

在进行法学课程教学的过程中，教师应重视法学课程教学的效益性，一方面要考虑法学教学的投入，如时间、精力，另一方面应该考虑教学的产出，并从多个角度分析投入和产出之间的差距。为了更为直观地发现两者的差距，教师可以将 ESETT 课程评价融入教学过程中，发现教学中存在的漏洞，并进行有针对性的弥补，实现最佳的法学教学投入产出比，获得良好的法学教学效果。

（三）市场性

在进行 ESETT 课程评价过程中，教师应注重市场性，从市场的角度进行法学人才的培养，增强法学专业学生的市场适应性。在实际的执行过程中，教师除了尊重学生成长规律，增强他们的学习能动性，培养学生的综合素养外，更应注重从法律专业人才市场的角度思考问题，一方面结合法律人才的需求，另一方面结合学校的实际状况，引入 ESETT 课程评价模式，辅助教师从不同的角度传授法学知识，真正促进"两型"法学人才的形成，让学生真正在法律人才市场中具有较强的竞争力，促进本校法学专业综合教学能力的提升。

（四）规律性

在进行法学教学过程中，教师除了要关注法学专业学生的就业状况外，更应注重以 ESETT 课程评价为标准，在与学生、法学教学专家、学校管理人员、法律从业者的交流过程中逐渐摸索法学教学的规律，分析其中系统性的法学逻辑，教授法学专业知识，并让学生掌握相应的法学学习方法，从而获得良好的法学教学效果。

四、构建要素

在运用 ESETT 课程评价的过程中，教师首先需要认识各个教学要素在法学教学评价中的意义和作用，更为科学地进行相应法学教学方式和教学内容的调整。其次，在充分认识各个教学要素的基础上，教师可以结合具体的教学评价以及法学教学实际，进行各个教学要素之间的关系分析，完成各个教学要素之间关系的梳理，为后续的法学教学评价以及相应法学教学策略的制定提供必要的数据支撑，促进整个法学课堂教学质量的提升。为此，笔者主要从构成要素入手进行分析，旨在为 ESETT 课程评价的运用提供必要的数据支撑。

（一）主体要素

主体要素主要包括教师和学生两个方面。在教师方面，对于整个法学课堂教学而言，教师是整个法学课堂的总设计师，对法学课堂教学效果起着决定性的作用。在法学授课过程中，教师需要将各个教学要素引入其中，让各个要素之和大于整体法学教学效果。在学生方面，学生是法学知识的接受者、使用者，是教师法学教学能力的"指示表"。在进行法学教学评价过程中，教师需要充分尊重学生的意见，让他们真正参与到法学教学的评价中，为教师的法学教学提供具有可借鉴性的建议。对实际的法学教学授课而言，笔者分别论述教师和学生在 ESETT 课程评价中的作用。

1. 教师方面

在法学教学过程中，教师对法学课堂有着重要影响，不仅决定着法学授课内容，而且决定着法学授课方式和法学授课目标。为此，法学教师在授课过程中认识个人在法学教学重要性的同时，要真正从多个教学主体评价入手开展多样性的法学授课方式的探讨、法学理论的解析，优化个人的法学理论授课方式以及理念，并再次将教学心得以及主观看法融入法学授课中，在实践中检验个人的法学教学能力，在评价中不断纠正，促进个人法学授课能力的提升。

2. 学生方面

在学生方面，下面主要从学生和法学课堂的双向关系进行讲解。

（1）教师教学对学生的影响。学生通过教师的教学可以学到相应的法学知识，提升个人的专业能力，更好地从事未来与法律相关的工作。

（2）学生评价对教师教学的影响。在客观方面，教师可以通过学生在课堂教学中的表现以及最后的考试结果大体了解学生的法学学习状况以及个人在法学教学过程中出现的授课遗漏点，并将此作为法学教学隐性教学评价的重要方式，进行有针对性的法学教学调整。在主观方面，教师可以通过与学生面对面交流的方式，了解学生在法学学习中的问题以及对教师教学的看法，更好地从学生的立场入手开展相应的法学教学，促进他们综合学习能力的提升，让教师的法学教学更具有方向性。

（二）载体要素

顾名思义，载体要素是指承载法学知识的客观要素，主要包括课程资源以及教学环境。

1. 课程资源

在课程资源方面，法学专业教师在进行法学资源的选择过程中可以凸显在法学教学方面的知识、经验以及思维，这也是对教师进行教学评价的重要因素之一。在实际的法学授课过程中，教师可以在运用个人综合法学优势的同时，从学生的角度入手，在基本教学资源（如教案、教材）以及辅助教学资源（如习题、课件、互联网教育资源）等方面进行灵活的选择，真正挑选出符合学生实际法学学习水平，能够促进法学教学目标达成的教学资源，让学生在获得学习能力、运用能力提升的同时，促进教师综合法学教学水平的提升。

2. 教学环境

教学环境主要包括主观和客观两个方面具备承载法学知识的载体。

在客观方面，法学教学的载体是教学设备、教学场所。在主观方面，法学教学的载体是整个班级中的学生、班风以及本班学生的精神风貌。主观与客观的教学环境一方面影响学生的法学学习兴趣,另一方面对整个课堂教学结果起着重要作用,更是进行法学教学评价的关键环节之一。

为此,高校法学专业任课教师既要重视教学环境的营造,又需立足学生,设置良好的教学环境,让学生融入其中进行多角度的法学知识学习,并在不同的教学环境中增强学生的独立学习能力,让他们在不同环境下掌握相应的法学知识,为整个法学教学减负增效。

(三)方向因素

方向因素包含四个方面的内容,各个内容之间具有层层递进的关系(图3-4)。

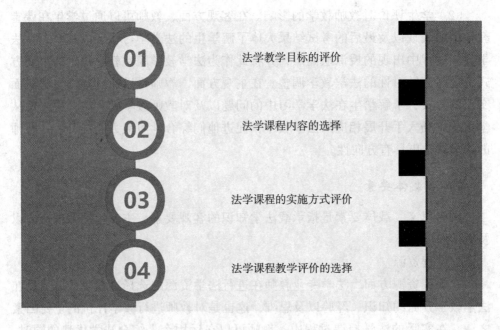

01 法学教学目标的评价

02 法学课程内容的选择

03 法学课程的实施方式评价

04 法学课程教学评价的选择

图 3-4 方向因素

1.法学教学目标的评价

法学教学目标是课堂教学的风向标,是教师与学生进行法学教学与法学学习的主要方向。同时,教师制定的法学教学目标是法学教学评价的重要因素之一。为此,在实际的法学教学目标制定过程中,教师一方面要考虑学生的实际法学学习水平,另一方面需要深入解读法学教学中的重难点知识以及课堂教学的整个过程，并制定相对完善的法学授课计划，在一步步的法学教学目标实现中促进整体法学教学质量的提升，获得良好的法学教学评价。

2. 法学课程内容的选择

在进行课程内容的选择过程中，各个与法学课程教学有关的教学主体需要考虑以下四方面的因素：①法学课程教学内容是否与"两型"目标相吻合；②法学课程教学内容是否与学生的法学基础相贴合；③法学课程内容的选择过程中是否依据此门课程的内在逻辑以及学生的实际法学学习规律；④法学课程内容的选择是否与法律人才市场中的要求相符合。

3. 法学课程的实施方式评价

在进行法学课程实施方式的评价过程中，各个评价主体一方面需要以学生的实际法学学习能力为评价依据，另一方面需要了解在法学教学过程中各个教学主体之间的配合状况，如教师与学生之间的配合状况、学生之间的交流状况，还包括实际的教学方法使用状况等，以实现更为科学的法学授课评价发展。

4. 法学课程教学评价的选择

在进行法学课程教学评价的选择过程中，教师可以综合多种评价方法，如综合运用定性分析和定量分析、进行形成性分析与结果性分析、进行主体的法学分析模式等。通过进行法学课程教学评价的选择，教师从更为立体的角度了解个人的法学授课状况，在巩固个人法学教学优势的同时，弥补实际授课过程中的漏洞，真正促进法学教师综合教学能力的提升。

（四）主观因素

主观因素包含教师的教学理念以及学生的学习模式。具在运用 ESETT 课程评价体系时，要注意对主观因素的评价。

1. 教师教学理念

教学理念是教师对教与学活动内在规律认识的集中体现，是教师从事教育教学活动的向导和信念。在对法学教师教学理念的评价过程中，各个评价主体可以从以下三点入手：①理论与实践教学之间的比例；②课本知识与课外知识之间的比例；③不同教师之间的课堂教学状况。通过进行教学理念的评价，教师可以在此过程中逐渐树立正确的法学授课思维，并真正平衡好理论与实践、课本内容与课外内容之间的关系，在正确理念的指导下合理进行法学知识的教学，从而促进学生法学综合学习能力的增强。

2. 学生学习模式

学生的学习模式对其学习效果有很大的影响。在运用 ESETT 课程评价模式的过程中，各个评价主体除了要对教师的教学进行评价外，更为注重对学生的学习模式进行多角度评价，从而使其找到适合自己的学习模式，提高其法学学习能力。具体而言，各个评价主体可以从以下三点对学生的法学学习状况进行有针对性的评价。

（1）学生的基础知识掌握状况。法学基础知识是学生进行法学学习的必要前提。为此，法学专业教师需着重从学生的法学基础知识掌握情况入手，与学生一同参与到法学知识的学习中，促进他们法学基础知识的巩固。

（2）学生的法学学习方法。在进行学生法学学习方法的评价过程中，教师在照顾学生法学学习自尊的基础上，通过与学生进行"心贴心"的交流，了解他们的法学学习方法，并提出有针对性的法学学习建议，让学生掌握更多的法学学习方法，促进学生综合法学学习能力的提升。

（3）学生的法学学习动机。动机是评判学生法学学习的重要切入点。在进行学生学习评价的过程中，教师可以从评价他们的动机入手，了解学生学习法学的真正原因，并以此作为开展法学教学评价的重要方式，一方面对学生正确、向上的动机给予正向的指导，另一方面对于部分学生错误的观念进行特别指导，让他们真正树立正确的法学学习观念，为他们养成良好的法律职业道德提供正确的思想指导，发挥法学教学立德树人的作用。

（五）教学因素

教学因素包括教学方法和教学手段。在进行教学方法和教学手段的评价过程中，各个评价主体可以从整个教学过程入手进行评价。具体而言，各个评价主体可以从以下三个阶段实际的教学因素进行分析。

（1）课堂导入阶段。各个评价主体可以从导入内容的趣味性、与课堂教学内容的关联性等入手进行相应教学。

（2）课中教学阶段。各个主体可以从采取各种教学手段解决法学教学的重难点问题、学生学习的热情、实际的授课教学效果等方面，进行课中教学方式和手段的评价，指出教师在教学中的问题，并提供相应的建议，让他们真正在各个主体的指导下，更为科学、高效地运用各种教学方法和手段，促进教师综合教学水平的提升。

（3）课后教学阶段。各个评价主体可以先以整体的教学结果为导向对整个教学过程进行反思，然后从教学观念、内容、方式等多个角度进行相应的法学教学反思，真正找到影响整个法学教学的关键因素，构建对应的法学教学模式，真正通过课后反思的方式打造具有趣味性、实效性以及启发性的法学课堂，促进高校法学教学质量的提升。

第二节　ESETT 课程评价在当代法学教学中应用的作用

一、ESETT 课程评价与当代法学教学评价的融合可行性

（一）employer managers（用人单位管理者）与法学教学评价的融合

"学以致用"是法学教学的重要目标。为了让学生真正学到"货真价实"的法学知识，提升他们在未来法学工作中的胜任能力，教师可以构建 employer managers 与法学教学的连接，即将法律专业人员请进法学课堂，让这些专业人员一方面对教师的法学教学进行评价，让教师的法学教学更贴近应用的实际场景，另一方面对学生的学习结果进行评价和指导，让学生了解真实的工作场景，以法律人的角度思考、解决法学问题，让学生在树立正确法学观念的基础上，更为客观、全面地分析法学事件，促进学生法学素养的形成。总之，教师通过将 employer managers 融入法学教学中，可以让法学教学更具有真实性，增强法学教学的"生命力"，提升法学教学的实用性。

（二）students（学生）与法学教学评价的融合

学生是法学课堂中学习、运用知识的主体。在法学课堂教学过程中，教师既要树立学生本位的思想，又需将这种思想落实到教学实践中，让学生真正在法学学习的过程中感受到乐趣，促进他们法学综合学习能力的提升。为了达到这种效果，教师可以通过让学生评价法学授课的角度分析整个法学授课课程，优化原有的法学教学内容、目标以及形式，真正实现在有效时间内提升法学教学课堂容量和效率的目的。

（三）experts（专家）与法学教学评价的融合

任何人的任何评价往往具有较强的主观性，即存在较大的片面性。在进行法学教学评价过程中，高校以及教师可以将教育专家引入课堂，并让他们参与到法学教学评价中，让师生在专家的评价中站在更高的立场思考问题，即从整

个法学教学的大趋势入手,如课程内容、课程大纲、课程目标等,真正让整个法学教学评价更具有前瞻性,在克服法学教学评价过于主观的基础上,使法学教学评价更为适应当今社会以及未来法学教学的发展趋势,让学生真正在从事与法学相关的工作中可以学以致用,增强法学教学的实效性。

(四)teachers(教师)与法学教学评价的融合

教师是课堂教学设计的"总导演",在法学课堂教学过程中发挥着重要作用。在进行法学教学评价过程中,教师既要遵循法学教学评价中的原则,如价值性原则、科学性原则以及适应性原则,又要从不同的方面对学生的法学学习状况进行评价,一方面基于学生基本的法学学习基础以及学习心理,另一方面基于具体的法学授课内容以及实际的法学规律,让学生在教师的评价中逐步掌握相应的法学学习方法,真正发挥教师教学评价在法学中的作用。

(五)teaching administrators(教学管理人员)与法学教学评价的融合

教学管理人员对于法学教学的重要性主要体现在以下三方面:第一,负责学校、教师队伍以及中高层管理方面的内容。第二,负责学生的档案管理,追踪及解决学生在法学学习过程中存在的问题,掌握各个专业学生的就业状况。第三,在很大程度上决定着本校的发展方向、各个专业发展趋势以及人才的培养目标。为此,教学管理人员通过对法学课堂、教师教学、学生学习方面的评价,在认清整体法学教学情况的前提下,结合本校的实际提供相应的法学授课的场所、硬件设施,强化本校的师资队伍,真正从不同角度和方面为法学教学的顺利开展提供支持,促进法学教学的良性发展,从而向社会提供高质量的法学人才。

总而言之,在法学教学评价过程中,教师作为课堂教学的主导者,需要坚决避免"闭门造车"情况的出现,在认识各个教学主体学习看法的基础上,从实际的教学路径入手,充分发挥各个教学主体在法学授课中的作用,站在更高的角度思考法学授课问题,达到提升整个法学教学质量的目的。

二、ESETT 课程评价在当代法学教学中应用的作用

(一)ESETT 课程教学评价对参与法学教学因素的作用

就实践而言,ESETT 课程教学评价对各个法学教学因素的作用主要体现在以下三点。

1. 促进法学课程教学内容的调整

对于法学课程而言，通过进行 ESETT 课程教学评价，教师可以从多个维度进行法学课程教学内容调整，如从专家的视角、高校教学管理者的视角等，真正让法学课程教学内容在贴近教学实际的同时，符合整个法学教学的趋势。

2. 凸显师生在教学中的主体性作用

在进行课程评价的过程中，教师与学生可以参与到法学课程的讨论中，成为推动法学教学有效进行的主体，真正让法学课程教学更具有实践性，促进法学课堂教学的良性发展。

3. 增强教学方向和教学现状的衔接

在进行法学教学评价的过程中，教师一方面可以了解专家对现阶段法学教学的看法，另一方面可以认识到现阶段法学教学存在的问题，兼顾法学教学的总方向和现阶段教学现状，实现法学教学与实际情况相联系，促进整体法学教学质量的提升。

（二）推进法学教学要素的完善

在推进法学课程体系完善的过程中，教师可以借助 ESETT 课程评价完善法学教学要素，可以更为直观地展示此种教学评价的作用，如图 3-1 所示。

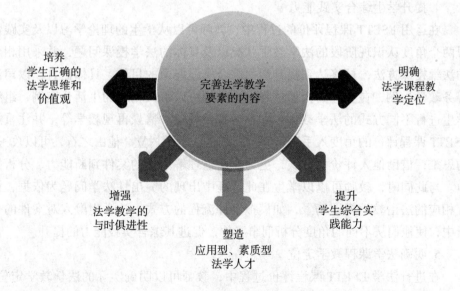

图 3-1 完善法学教学要素的内容

1. 培养学生正确的法学思维和价值观

通过进行 ESETT 课程教学评价，学生可以利用分析案例的方式掌握最为基本的刑法知识，尤其是其中涉及的刑法推理思维，而在把握刑法思维的基础上又可以高效地掌握相应的刑法知识。与此同时，学生在参与法学知识评价以及评价他人的过程中可以树立正确的法学观念，促进学生综合法学素养的形成。

2. 增强法学教学的与时俱进性

在法学教学过程中，教师除了要让学生掌握科学的法学思维方式和观念外，应更为注重引入新的法学授课内容，既要保留具有价值的法学授课内容，又要适时地删除不合时宜的法学知识，真正从时代发展的趋势着眼，让学生在法学课堂上掌握具有时代特色的法学知识，增强学生未来从事法学工作的胜任能力。

3. 塑造应用型、素质型法学人才

在进行法学教学过程中，教师通过多角度评价的方式，尤其是深入分析用人单位以及法学教学专家的看法，可以真正把握法学教学时代发展的趋势，并在此基础上结合本校的教学实际，设置具有应用型和素质型的法学人才培养目标，制订相应的教学计划，打造适应时代发展、促进法学人才综合素质提升的授课模式，让学生融入其中学习"接地气"的法学知识，从而向社会源源不断地提供高素质的法学人才，进一步推动我国法治进程。

4. 提升学生综合实践能力

在运用 ESETT 课程评价的过程中，教师可以从学生的理论学习以及实践学习两个角度认识现阶段的法学教学状况以及具体的法学授课问题，并采用相应的法学授课方法，最终达到提升学生综合实践能力的目的。具体而言，以司法警务教学为例，在实际的授课过程中，教师可以引入相应的生活化案例，组织学生进行不同方式的法学教学，如小组探讨教学、情景再现教学等，并注重从 ESETT 课程评价的角度入手进行评价，真正让学生树立"他山之石，可以攻玉"的思维，借助他人评价的方式，更为全面地理解个人的案件判断能力、分析能力。与此同时，教师可以以学生在此过程中出现的突出性法学问题为依据，设置相应的法治教学授课场景，如模拟案件流程的方式，让学生融入对案件的分析中，使他们从不同的角度分析刑事案件，促进其综合实践能力的提升。

5. 明确法学课程教学定位

在进行法学 ESETT 课程评价过程中，教师可以明确实际的法学教学定位，并从以下三点落实。第一，凸显法学教学特点。在进行法学授课过程中，教师可以借鉴各个评价主体的建议，从不同主体的角度认识法学教学的特点，合理设置相应的法学授课流程、内容和方式。第二，促进学生法学素养的提升。在促进学生法学素养形成的过程中，教师一方面要从法学学习过程中存在的问题入手夯实学生的法学理论基础，另一方面要培养学生科学的法学思维，让他们了解正确的法学审判流程，具备正确的法学观念（比如公正观念、证据意识等），让他们在实际的法学学习过程中逐渐增强法学素质。第三，构建科学的法学教学手段。通过接受不同的法学教学评价，教师可以和法学教学专家、法律从业者进行针对性沟通，了解课堂之外的法学案例，掌握更多的法学判定方法和思维，并将这些内容与法学教学进行完美融合，真正利用符合现阶段法学教学实际的手段，并结合教学的实际，合理运用多种教学方法，把握好法学教学的节奏，促进整体法学教学质量的提升。

（三）促进法学教师专业教学能力的提升

法学教师是课堂教学的总设计师，对整个课堂教学效果的达成具有重要影响。为此，高校需要注重培养教师的专业教学能力。通过将 ESETT 课程评价融入课程教学中，教师可以从理论教学、实践教学以及教学反思三个角度获得全方位的法学专业教学能力的提升。具体而言，教师可从如下角度切入：

1. 理论

在理论方面，通过引入 ESETT 课程评价，法学教师可以在其他评价主体的指正、评价和鼓励中，认识个人在法学理论学习中的漏洞，进行有针对性的弥补，优化个人的法学理论知识结构。

2. 实践

在实践教学方面，法学教师通过实际教学实践，一方面可以自我认识、改正法学教学实践中的问题，另一方面能够在他人的指导下从个人忽视的实践问题中学习新的实践教学方法，促进个人法学实践教学能力的提升。

3. 反思

在反思方面，高校法学教师可以结合实际从更为立体和全面的角度反思法学教学。首先，教学目标的设定。高校法学教师可以以目标的达成状况为依据，反思整个法学教学过程，并注重在征求教学管理者、用人单位、学生、教学专家意见的基础上，进行有针对性的反思，从教学实际入手设置贴合学生实际水平、与自身教学能力相符的教学目标。其次，教学过程的优化。决定教学目标达成的重要因素之一是教学过程。为了更为全面地了解个人在法学教学过程中存在的问题，教师可以运用思维导图勾勒个人的教学思维以及手段，更为充分地运用 ESETT 课程评价模式，从不同的评价主体的发言中认识个人在教学各个环节存在的问题，如在教学导入过程中的问题、关键性教学知识和教学方式的问题等，不断优化原有的法学教学结构。最后，教学方式的反思。在进行法学教学过程中，教师需要从横向和纵向两个角度入手进行教学方式的反思。在横向方面，教师可以运用 ESETT 课程评价模式，借助不同教学主体的思维差异和立场，在认识个人在教学方式优势的同时，不断纠正个人在教学中存在的问题，掌握更多法学教学方法的特点以及固有教学形式，促进教师综合法学授课能力的提升。在纵向方面，教师可以从纵向时间轴的角度进行评价。具体而言，教师可以运用书写教学日志的方式，既可以以周为单位进行较短时间段内的评价，也可以以月为单位进行较长时间段内的评价，并注重以教学方法、教学思维以及教学心态为指标，作为衡量个人教学能力的重要标准。值得注意的是，在纵向评价的过程中，教师一方面可以自评，另一方面也可以让其他同事参与进来，使纵向评价的维度更为多元，从而使教学方式更科学、合理。

第三节 ESETT 课程评价在当代法学教学中应用的策略

一、ESETT 课程评价在当代法学教学中应用的框架构建

（一）ESETT 课程评价的整体性框架构成

1. 框架构成要素之一——employer managers（用人单位管理者）

用人单位管理者对教师的评价主要涉及三个方面，分别是教师的基础知识、教师的实践能力、教师的综合素质。教师的基础知识又分为基础知识的原理和知识的运用两个方面内容。教师的实践能力又分为具体法律案件的分析能力和判断能力两个方面。教师的综合素质主要分为法律意识和法律思维两方面的内容。

2. 框架构成要素之二——students（学生）

学生评价，即学生对教师的评价，其评价要素分为三大方面，分别是法学教师的授课内容、法学教师的教学方法以及法学教师与学生的互动。

3. 框架构成要素之三——experts（专家）

专家的评价对象是教师，主要从教师的教学软实力、硬实力以及教学组织能力三方面入手。在教学软实力方面，专家可以对教师的职业素养以及综合素质进行评价。在教学硬实力方面，专家可以对教师的科研能力以及专业能力进

行评价。在对教师教学组织能力评价方面，专家可以从教师的考核方式以及教学组织手段两方面进行针对性的教学评价。

4. 框架构成要素之四——teachers（教师）

教师评价，即教师之间的互评，其主要切入点有以下三个内容，如图3-5所示。

图 3-5　教师评价要素

（1）课程设置评价。在实际的课程设置评价过程中，其他教师可以从法学教师的教法改革、教材建设以及精品课程三方面入手。

（2）教学效果评价。教学效果评价以学生的学习状况为最终的评价依据，具体的学生学习状况包括学生在法律知识学习过程中的表现、在课堂上的表现以及最终的理论学习成果。

（3）教师发展评价。在进行教师教学发展评价的过程中，其他教师需要兼顾教学现实以及教学趋势两方面。在教学现实方面，其他教师可以结合教师实际存在的问题给予客观的评价，并从主观的角度预判教师的教学心理，在肯定教师在法学教学中的优势的同时，以合适的方式对教师的教学进行真实性评价。在教学趋势方面，其他教师可以立足未来的发展趋势，通过和法学教师进行面对面交流的方式了解他们的所思所想，并以此作为对教师提出建设性意见的切入点，让教师从整个法学教学发展趋势的角度思考现阶段的法学授课问题，构建具有前瞻性、趣味性以及实效性的法学授课模式。

5.框架构成要素之五——teaching administrators（教学管理人员）

教学管理人员在教学评价过程中主要是了解各个法学任课教师的教学状况，他们可以通过多种方式对法学教师的教学状况进行评价。

（1）在课堂上。在课堂上，教学管理者可以旁听任课教师授课，非常直观地了解各个法学教师的教学状况，并给予直观的指导，最大限度地发现、解决教师的法学授课问题。

（2）在课下。在课下，教学管理者可以以搜集学生看法的形式了解教师的教学状况，并给予相应的评价。比如，教学管理者可以通过网上调查问卷的形式，设置所要了解的教师在法学教学中的问题，运用大数据整理这些调查问卷，发现法学教师在课堂上集中体现的问题并提出精准的建议和评价，促进教师综合教学能力的提升。

（二）各个主体评价比重的划分依据

1.理论性依据

在进行主体评价比重的判定过程中，法学教师可以从利益相关理论中寻找依据，并遵循双向互动原则，一方面可以从ESETT课程评价为当代法学教学创新与实践带来什么的角度入手，另一方面可以从法学教学创新与实践为ESETT课程五个法学主体带来什么的方向分析，并在此过程中注重兼顾满足"五需"原则和贡献原则，确定较为科学的法学评价模式。

2.实践性依据

在进行以实践为依据的评价过程中，教师需要遵循以下三个原则。

（1）公正性原则。各个主体在发表教学评价的过程中需要遵循公正性原则，同时法学教师也应以尊重各个评价主体的主观看法为前提，结合实际的法学教学需要以及未来的发展趋势，合理划分各个评价主体在法学评价中的比重，在激发各个主体评价积极性的同时，让整个评价的结构更具有科学性、公正性。

（2）发展性原则。本书中的发展性原则主要立足于人才培养发展以及法学教学改革发展。为了落实以评促改的法学教学目标，教师在法学课程改革过程中需要以五个主体的评价为依据进行现阶段法学专业的全面改革，如从法学的教学内容、方式、观念等进行全方位、立体性的法学教学改革。在人才培养发展方面，教师除了要以"五需"为依据外，更应注重从学生的实际学习需要以及他们的基础水平入手，对他们进行有针对性的法学评价，在满足学生实际法学需求的同时，将学生法学学习需求与现阶段以及未来的人才需求进行融合，即在人才培养方面既要扎根现在，又要立足未来，增强现阶段法学教学评价的现实性和前瞻性。

（3）可操作性原则。法学教学评价既要保证一定的前瞻性，又要保证一定的操作性。在此，笔者主要强调法学教学评价的可操作性。在实际的"五主体"评价过程中，教师需要权衡各个评价角度的可操作性，真正将评价"落地"，即作为现阶段法学教学改革的"利器"，真正让法学教学在各个方面发生改变，从实践的角度推动法学教学的创新和发展。

二、ESETT 课程评价在当代法学教学中应用的案例开展

（一）法学教学实施的起因以及思路

1.法学教学的实施起因

在现阶段的法学教学过程中，笔者发现，虽然法学教学立足实际和社会的发展，但是仍旧有很大的提升空间。为了让法学教学获得更大的发展空间，凸显此门课程在教学中的创新性，笔者将 ESETT 课程评价融入其中。在实际的课程教学过程中，笔者主要以刑事法律事务这门课程为标准进行介绍，旨在以评价为切入点进行法学教学改革，促进"五需""两型"人才的培养，推动法学教学的良性发展。

2.法学教学的实施思路

（1）主体选择。在主体选择方面，教师需要从 ESETT 课程评价中的"五主体"，即用人单位管理者、法学教学专家、法学专业任课教师、教学管理者、法学专业学生入手。在用人单位管理者的选择上，笔者考虑到大部分学习刑事法律事务这门课程的学生会进入检察院或是法院工作，因此将用人单位管理者的选择放在检察院以及法院中。在学生这个主体上，笔者对本校即将毕业以及已经毕业的学生进行专门调查，在了解本校实际状况的基础上，以本校毕业学生的就业状况以及薪资待遇为依据开展有针对性的教学评价统计。在教学专家的选择上，笔者主要选择刑事法律方面的专家。在教师的选择上，笔者以本校的刑事法律实务任课教师为评价对象。在教学管理人员的选择上，笔者以任职法学专业的教导主任、学校领导为评价对象。

（2）内容选择。在进行 ESETT 课程评价的内容选择上，笔者主要借鉴 ESETT 课程评价在当代法学教学中应用的框架构建中的五个主体评价要素，对其后面的内容进行有针对性的评价，旨在增强评价内容的科学性、全面性，推动现阶段法学教学改革。

（3）执行过程。在实际的评价过程中，笔者主要从以下三个步骤入手（图3-6）。

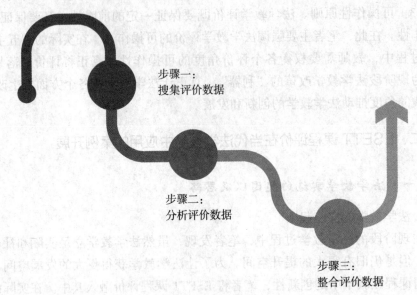

步骤一：
搜集评价数据

步骤二：
分析评价数据

步骤三：
整合评价数据

图3-6 课程评价执行过程

步骤一：搜集评价数据。笔者以五个主体为数据整合对象，通过各种不同的方式进行针对性交流，了解五个主体对于现阶段法学教学的建议和评价。

步骤二：分析评价数据。在进行评价数据的分析过程中，笔者主要以实际的原因为划分数据的依据，并以各个主体的建议落脚点为策略分析的重要依据，进行相应评价数据的整合。

步骤三：整合评价数据。在进行整合评价数据的过程中，笔者重点从现阶段实际问题以及未来发展趋势两个角度入手。在现阶段实际问题中，笔者注重整合反映现阶段法学教学痛点的数据（如教师的评价数据、学生的评价数据、教学专家的评价数据），将其发送到本校的法学教学网站，并参与到此次法学教学改革创新中，旨在真正促进现阶段法学教学问题的解决。在未来发展趋势方面，笔者注重分析用人单位管理者以及本校教学管理者的评价数据，在把握未来法学教学发展趋势的基础上，构建现阶段与未来法学教学的衔接点，实现"着眼解决现问题，立足把握新方向"的法学教学改革创新目标。

（4）结果评价。在进行结果评价的过程中，笔者主要从基于评价的策略制定、策略执行状况、后续策略的改定以及再执行入手，旨在真正发挥教学评价在推动法学教学改革以及创新的实际效用，促进本校法学专业教学综合人才培养能力的提升。

（二）法学教学实施的过程

1. 人才需求评价——以用人单位管理评价为切入点

（1）评价内容。通过与司法警务用人单位、法院进行沟通，笔者了解到用人单位在招聘法律专业人才的过程中着重看以下两个方面。

①法学人才的素质与意识。在素质方面，法学人才需要具有最为基本的道德素质，如爱岗敬业、肯于牺牲、敬畏法律、公正严明等。在意识方面，法学人才需要具备较强的法律观念，真正在日后的工作中保持"违法必究""执法必严""有法必依"的执法者观念，真正成为法治的践行者、倡导者和维护者。

②法学人才的理论与实践水平。在学科理论知识掌握方面，用人单位一方面要看学生的法学基础知识储备，如对刑法总论和分论的理解、对基本法律程序的掌握和认知，另一方面要考查学生在法学方面的逻辑，如基本的审判思维、基本法律事件的合理解释能力等。在学科实践方面，用人单位需要考察法学专业学生在接受长时间法学思维和实务的训练后，是否已经具备较强的运用法学理论和思维解决法律事务的能力。

（2）评价结果。

①基本理论的掌握状况。通过和用人单位的沟通，笔者发现学生基本理论知识的掌握状况主要表现为以下三个方面。第一，八成的本校应届毕业生具有扎实的刑法理论基础，在刑事诉讼案件的审判过程中具有较强的辨别能力和审判能力。第二，九成的法学专业学生对刑法总论和分论方面的知识有更为立体和全面的理解。第三，接近九成的学生熟悉基本的刑事制度，如审判公开制度、回避制度等。

②基本法学思维的运用状况。通过和司法机关以及检察机关中相关人员的沟通，笔者发现法学学生在法学思维方面整体良好，但是仍旧有不足之处。例如，在进行刑事案件的审判过程中，本校毕业生均有明确的是非标准，但是由于缺乏实际的从业经验，部分学生在进行刑事案件的分析过程中难免出现刑事原理运用较为浅显，复杂案件分析能力不足的状况。

③法学评价中的基本素质。在进行法学评价过程中，笔者主要从学生法律意识以及对法律案件的诠释能力两方面入手。在法律意识方面，本校应届毕业生具有较强的法律意识，可以按照法律中的要求规范个人的行为。在对法律案

件的诠释能力方面，本校部分学生在法律诠释的过程中出现了只是进行表面的法律案件解读，并未真正运用法律知识深入案件本质的状况。

2. 人才培养评价——以人才培养过程为核心点

（1）学生评价。

①评价内容。在实际的学生评价过程中，笔者以在校法学专业学生以及应届法学专业毕业生为调查对象，并注重从学生在课堂学习中的表现、教师在课堂中实施法学教学方法的状况以及师生关系三方面进行调查，并通过大数据以及云计算进行分析，得出评价结果。

②评价结果。在具体的学生评价中，笔者主要从以下三个角度论述。

首先，教师的课堂行为。在现阶段的法学课堂上，法学教师并未出现过不尊重学生人格的状况，而是积极向学生传播正能量，尤其是介绍我国在法律制度方面的优越性和先进性，让学生树立民族自豪感，并通过个人言行更好地维护法律的尊严。

其次，课堂教学方式。有九成以上的教师可以处理好法学教学目标、教学内容、教学方法与学生实际法学学习基础之间的关系，通过设置多样的问题和采取各种教学手段，积极地与学生进行互动，让学生逐渐形成正确的法学思维，夯实他们的法学基础，促进整个法学教学质量的提升。

最后，课下互动。有部分学生并不具有课下与教师进行互动的意识。与此同时，部分教师也不注重与学生在法学知识以及案件的交流上进行互动。这是值得注意改进的地方。

（2）专家评价。

①专家评价的优势。专家不仅具有法学方面的专业知识，而且具有较强的实践经验，可以把握整体的法学教学趋势，立足于各个角度开展相应的法学授课（如法学课程建设、师生关系以及人才培养方面等），真正为法学教学改革和创新提供可借鉴的建议，促进法学教学的良性发展。

②专家评价的内容。在具体的专家评价内容中，笔者认真筛选具有代表性的三方面内容（图3-7），希望可以发挥专家评价的积极作用。

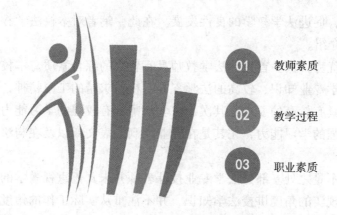

01	教师素质
02	教学过程
03	职业素质

图 3-7 专家评价内容

第一，教师素质。教师素质部分包括两个方面的内容。一是本校的"双师型"教师队伍。在调查中，笔者发现本校的任课教师多为对口专业教师，或是"双师型"教师（大部分教师参与过法律案件的审理）。二是教师的科研水平。在调查中，笔者发现有七成的教师发表过法学论文，编写过学术性法学专著，也获得了专家的肯定。

第二，教学过程。在进行专家评价的过程中，教学过程部分主要包括以下内容。

首先，人才培养目标实现的过程。法学教学专家认为，有将近九成的教师设立了正确的法学教学目标，但是在实际的执行过程中出现教学方法之间融合不透彻的状况。如部分教师只是立足于课本知识，而并未将课本知识进行外延，导致学生在法学学习中存在一定的思维局限性。

其次，考核的结果和方式。在现阶段的法学教学考核过程中，法学专家对八成法学教师的教学给出了积极正面的评价，尤其是在法学教学方法的实效性方面。但是，教学考核方式仍旧有很多亟待改进的地方。比如，教学考核方式单一、考核过于书面化。

第三，职业素质。在对法学教师进行职业素质这部分的评价过程中，我校法学专业的授课教师获得了较高的评价：本校法学专业教师具有极强的法律意识以及法治观念，对个人的法学专业教学具有极高的要求。在法学专业教师的专业素质养成方面，笔者所在的学校制定了较为严苛的教师言行奖惩制度和教师职业道德要求规范。学校制定的这种制度获得了法学教学专家的高度认可。

③专家评价的结果。我们通过专家评价结果一方面可以更为全面地了解现阶段法学教学中的优势和不足，另一方面可以为整个法学教学改革和创新提供

必要的指导，促进法学教学的良性发展。在此，笔者对本校法学教师的评价结果进行简要介绍。

第一，优势方面。首先，法学教师具有较高的综合素质。本校法学教师具有扎实的法学专业知识、较高的法学素养、精益求精的工匠精神，对个人的法学教学工作具有较高的要求。其次，法学教师具有较强的学习能力。我校法学教师具有较强的学习能力，尤其是在专业期刊发表文章以及在与法学相关的书籍创作上。

第二，不足之处。部分法学专业授课教师并未真正重视教学的实践性，只是从理论、现实的角度讲授法学知识，并不注重从实际工作的角度入手。出现这种现象的原因在于部分法学教师以及学校受到各种现实状况的制约，导致本校学生并未真正参与到实际的法学实践中，造成他们在具体的学习中存在法学思维浅层化、必要的探究性思维缺乏的状况。

（3）教师评价。

①教师评价的内容。在教师评价的过程中，笔者构建以授课教师同事为主体的评价形式，而具体的评价对象为授课教师以及接受授课的学生。

第一，以授课教师为对象的评价。在以授课教师为对象的评价过程中，以授课教师的教学日志、教学总结、教学反思为评价基点进行有针对性的分析。就实际情况而言，进行自我反思的法学专业授课教师占全部教师的比例为九成，其中有八成的授课教师喜欢运用教学日记进行反思，其他授课教师喜欢运用教学总结进行反思。

第二，以接受授课的学生为对象的评价。其具体可以分为以下三个方面：

首先，课堂的上课率、认真听讲的比例。通过调查发现，在法学专业教师的任课教学中，有九成的学生准时上课、认真听讲。

其次，自主学习的比例。自主学习比例的探究主要从课前预习状况、课中主动询问和回答问题以及课后复习状况三个角度入手。就整体而言，课前预习的学生占九成；课中主动询问和回答问题的学生占八成；课后复习的学生占七成。由此可见，大部分学生具有自主学习的意识，可以真正找准法学学习中的问题，在课堂进行有针对性的询问和学习。

最后，学习效果。具体而言，有将近九成的学生可以达到基本的学习要求，有七成的学生可以达到课程大纲的要求，还有三成的学生可以自主学习此门学科知识，并运用掌握的基本知识进行案例的简单分析。

②教师评价的结果。笔者将教师评价的结果分为两部分：第一部分，以接受授课的学生为对象的评价结果。以课上学习为依据，有九成的学生在好好学

习，有一成的学生在小声讨论问题。这说明本班学生有较强的学习意识。以自主学习为依据，有八成的学生可以自主学习，有七成的学生有自主学习的习惯。这说明大部分学生具有自主学习意识。以学习效果为依据，有将近七成的学生具有自主学习意识，有三成的学生具有自主学习能力。这说明在授课教师的影响下大部分学生具有较强的自主学习能力。第二部分，以授课教师为对象的评价结果。本校有九成的授课教师具有反思意识，均总结出适合个人的反思模式。这说明本校教师具有良好的教学习惯。

3. 人才总结评价——以人才培养结果为总结点

教学管理人员在一定程度上可以决定法学教学的整个方向。本校教学管理人员参与到法学专业培养结果的评价中，一方面可以真正深入了解具体的法学专业授课状况，提出有针对性的解决策略，另一方面可以了解学生对法学专业学习的看法，以及法学专业学生实际的就业状况，为后续法学专业的授课提供必要的数据支撑。具体的人才总结评价由评价内容和评价结果两部分构成。

（1）评价内容。

①法学教学的实用性。在进行法学教学实用性的评价上，笔者注重从以下三个评价主体的角度进行论述。在用人单位评价方面，用人单位对本校毕业学生给予高度的肯定，尤其是在专业素养方面，即本校毕业生具有较强的责任心。在专家评价方面，大部分专家在责任心以及专业素养方面对学生给予积极的肯定，但是认为学生在运用法学思维进行深度、灵活地处理问题方面存在一定的问题。在学生评价方面，大部分学生认为在进行法律相关专业的学习中可以运用所学的法学知识，但是在实际解决法学问题的过程中存在一定程度的不足。由此可见，现阶段的法学教学具有一定的实用性，但是在培养学生专业性思维方面存在一定的漏洞。

②学生法学学习的满意度。本校教学管理人员通过与在校学生以及应届毕业生的沟通，发现有将近九成的学生表示可以在此门课程中学到专业的知识，在实际的工作中也会用到这些知识。实际工作中存在的突出问题在于：本校学生缺乏专业的法律实践，在运用法学思维以及原理方面存在一定程度的不足。

（2）评价结果。在实际的评价中，大部分评价者对学生的理论知识、专业素养较为肯定，但是认为学生在专业实操方面，尤其是在运用法学思维以及原理方面存在一定的不足。

三、ESETT 课程评价在当代法学教学中应用的优点与启示

（一）ESETT 课程评价在当代法学教学中应用的优点

对于 ESETT 课程评价在当代法学教学中应用的优点，笔者总结出如图 3-8 所示的三个方面内容，并进一步更为客观和全面地指明此种课堂评价对整个法学课堂教学的积极作用，以便运用此种评价构建更具创新性、更高效的法学授课形式。

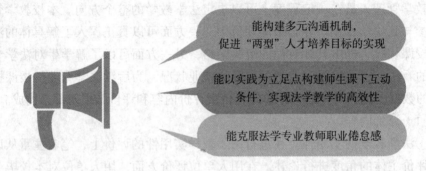

图 3-8　ESETT 课程评价在当代法学教学中应用的优点

1. 能构建多元沟通机制，促进"两型"人才培养目标的实现

在传统的法学教学评价过程中，以学生作为教学评价的主体，在一定程度上可以反映现阶段法学教学问题，但是不符合现阶段以及未来的需要。为此，将 ESETT 课程评价体系融入现阶段的法学授课过程中，教师以利益相关者理论为指导，将与法学教学改革相关的客体纳入教学评价和教学改革中，如教学管理人员、教师、专家、用人单位管理者、法律专业从业者以及学生，从而进行多角度的法学剖析，在法学授课内容的选择、目标的制定、方法及手段的运用等方面采用更为科学的法学授课模式，创新现代法学授课形式，在满足"五需"的基础上，促进"两型"人才目标的实现。

2. 能以实践为立足点构建师生课下互动条件，实现法学教学的高效性

通过运用 ESETT 课程评价，笔者发现师生之间只是在课中进行有效的互动，并未在课前和课后进行互动。对此，高校法学专业教师可以立足实际的教学状况，通过运用 ESETT 课程评价构建多种师生互动形式，为提升法学教学的效率"添砖加瓦"。

（1）构建了亦师亦友的师生关系。为了提升师生之间在课前、课中、课后的互动频率，高校教师可以采用"互联网 +"技术搭建多维的师生互动形式。

比如，高校法学专业教师可以构建静态性交流模式，通过 QQ 邮箱等方式与学生进行静态的交流，了解学生在法学学习中存在的问题，并结合他们的法学学习基础进行有针对性的指导，让他们真正在教师的指导下掌握相应的法学原理以及推理逻辑，并从法学学习情感以及态度方面进行指正，尤其是让学生树立公正严明的价值观，成为学生在法学求学路上的价值观导师。

在构建动态性交流模式的过程中，高校法学教师可以运用多种形式与学生进行互动，如通过抖音、快手等与学生进行互动、交流，解决他们在法学学习中的各种问题。更为重要的是，教师需要适时地对相应的法学内容进行延伸，尤其是从生活的角度进行渗透，让学生真正学会换位思考，从案件主人公的角度进行探究，促进学生形成正确的法学思维，并积极鼓励他们发表个人的看法，从学生"朋友"的角度进行指导，让他们真正在与教师的互动中掌握相应的法学知识和法学思维，从而在此过程中构建亦师亦友的师生关系。

（2）辅助学生构建了科学的法学思维。授人以鱼，不如授人以渔。在法学授课过程中，教师与其"替"学生思考，不如"让"学生独立思考，向学生讲授法学学习的基本思路，并引导学生将这种思路运用在其他课程的学习中，促进学生科学法学思维的形成。具体而言，教师可以从以下四点入手：

①引入趣味性的法学授课情景。通过进行法学授课情景的设置，教师一方面可以吸引学生的法学学习兴趣，另一方面可以搭建法学知识与学生认知之间的桥梁，激发他们法学学习的能动性，为培养学生的科学法学思维奠定情感基础。

②设置层次性的法学教学问题。在法学教学问题的设置过程中，教师既要考虑整个班级学生的整体法学学习状况，又要结合"两型"法律人才培养的目标，设置具有层次性的问题，让更多的学生参与其中，进一步深挖学生在法学学习中存在的问题，制定"自我反思""同学讨论""教师引导"的反思模式，让学生在此过程中从结果的角度分析法学学习问题，即立足基础知识、法学思维等，并在他人的指导下逐步掌握法学学习规律，促进学生提升法学综合学习能力的提升。

③开展有针对性的法学教学指导。在进行法学教学指导的过程中，教师需要做到"因材施教"，即结合每一位学生的实际学习状况进行个性化的指导，既要认识学生在法学学习中的问题，又要让他们了解个人在法学学习中的优势，适时地结合学生的思维特点开展有针对性的指导，让他们逐步形成较为科学的法学学习思维。

④增强学生法学学习的自我效能感。增强学生法学学习的自我效能感是提升学生法学学习能力，促进他们形成法学学习思维的关键。在实际的教学过程中，教师为了培养学生法学学习的自我效能感，应让学生充分表达对法律案件分析的整个过程，了解学生分析法律案例的整个思维，对学生合理思维的部分进行积极的评价。更为重要的是，通过和学生的交流，教师可以敏锐地捕捉到他们的思维规律，并以正确的法学思维为导向适时地对学生的思维进行有针对性的指导，让学生在教师潜移默化的引导下逐步掌握法学思维规律，让他们懂得独立思考，获得法学学习的快乐，增强学生法学学习的自我效能感，促进良好师生关系的构建。

3. 能克服法学专业教师职业倦怠感

通过进行 ESETT 课程评价，笔者发现有将近三成的法学专业教师具有职业倦怠感。为了在一定程度上消除教师的职业倦怠感，笔者认为可以从以下三个角度切入。

（1）掌握心理调节技巧。为了辅助高校法学专业教师克服职业倦怠感，高校管理者可以向法学专业教师传授基本的心理调节技巧，让这些教师结合个人的思维方式以及习惯，合理选择相应的心理调节技巧。具体而言，高校管理者既可以向在校教师讲授基本的心理调节技巧，如倾诉法、宣泄法、注意力转移法等，又可以举办不同形式的法学教学学术交流会，拓宽教师的法学学习视野，如定期召开判例研讨会、学术交流会等，让高校教师在交流的过程中丰富个人的法学教学思维，真正对未来的法学教学充满期待，消除教师的职业倦怠感。

（2）引入新鲜教学血液。高校管理者可以将"鲇鱼效应"引入师资队伍管理中，将热爱法学教学以及具有强烈目标意识的教师引入学校，并制定赏罚分明的教师管理制度，让新晋的法学教师更为积极地投入法学教学中，并激发本校其他法学教师的学习热情，实现整个法学专业教学效率的提升。

（3）合理设定职业规划。通过进行职业规划的设定，教师可以明确个人的教学目标，将教学的大目标划分成一个个的小目标，并在逐渐实现小目标的过程中逐渐获得教学的动力，不断完善个人的法学教学方法、观念和思维，促进个人综合法学教学能力的提升，为培养"两型"法学人才奠定强有力的师资基础。

（二）ESETT 课程评价在当代法学教学中应用的启示

1. 加强法学精品课的建设

法学精品课的建设是各个因素综合作用的结果。在进行法学精品课的建设过程中，高校以及法学教师可以从多个角度入手，构建出符合"五需"要求、利于实现"两型"目标的教学课程，促进法学整体教学质量的提升。在实际的落实上，高校以及法学教师可以从以下三点进行法学精品课的建设：

（1）完善师资队伍，为精品课的构建打造良好的师资基础。在完善师资队伍的过程中，高校可以立足两个方面：第一，利用外引策略。为构建精品课，高校可以定期聘请优秀的法学教师，尤其是聘请职业道德水平高、学术成就大的法学教师，为精品课的构建提供新思路、新思维。第二，利用内培机制。高校需加大青年教师的培训力度，尤其是加强青年教师的精品课培训力度，让更多的法学专业教师投入精品课的建设中，营造良好的精品课研发氛围，促进本校精品课开发的进一步发展。

（2）加强审核机制，提升法学精品课的质量。在审核机制的构建过程中，高校可以以教师的核心论文、专著的发表次数为依据进行精品课资格的审核，将专业能力强、学术水平高的教师引入精品课的开发过程中，促进整体法学精品课质量的提升。此外，高校可以加强法学专业骨干教师的精品课审核力度，并将审核的结果与教师的薪资挂钩，使教师更为积极地投入精品课的开发过程中。

（3）加强优质教学内容的选择。在进行精品课内容的选择过程中，高校以及教师需要结合各个科目的特点灵活设置相应的精品课。以刑事法律实务为例，在进行此门课程内容的选择过程中，高校以及教师可以从增强此门课程内容的职业性、应用性入手，着重让学生在精品课的学习中获得法学思维和逻辑的训练，促进"两型"目标的达成，让学生真正在精品课的学习中获得专业能力的提升。

2. 加强校企合作，促进学生法学思维和实践能力的双重提升

（1）加强实训基地建设。在进行法学专业校企合作实训基地的建设过程中，高校可以从以下角度切入：第一，设立多元的校企合作机制。高校一方面可以与当地的知名律师事务所以及公检法机关达成相应的人才培养机制，另一方面可以与专业的行为数据公司协作，引入具有实效性的法律案件，即从实训内容和实训场所两个方面进行校企合作实训基地的建设。第二，确定科学的校企合作方向。高校需落实与时俱进的原则，以探究法学专业教学的课题为研究方向，并在此基础上，引入行为数据公司中与法学相关的数据，注重实践演练与法学课堂教学之间的融合性。与此同时，高校在实际的校企合作过程中，需要从学生培养、教育教学、科学研究以及咨询报告等多个角度入手，提升校企合作的融合度和接触面，达到"全面开花"的校企合作效果。

（2）加强涉外法学人才的培养。通过加强涉外法学人才的培养，高校可以

真正打造符合时代发展的新型法学人才，在一定程度上升华"两型"人才目标的内涵，增强法学教学的前瞻性和创新性，为我国对外贸易的发展提供专业性的法学人才。在具体的执行过程中，高校可以从以下内容切入（图3-9）。

- 汲取各个主体的意见

- 构建涉外人才法学专业实验班，将意见落地

- 制定人才输送方案，保证涉外人才有用武之地

图3-9 加强涉外法学人才培养的策略

首先，汲取各个主体的意见。高校可以积极听取法学专家、用人单位管理者、法学专业教师、学生以及教学管理人员五方面的建议，形成科学的课程设置、法学专业学生就业等方案。

其次，构建涉外人才法学专业实验班，将意见落地。在进行涉外人才法学专业实验班的构建过程中，高校可以真正落实"解放思想、实事求是"的办学方针，在深入研究国际贸易等对外活动现状的基础上，开设具有针对性的涉外人才课程，制定具有针对性的实验班人才培养方案。在条件允许的情况下，高校可以引入外籍法学方面的专家进行实验班的教学工作，真正让法学专业的学生具有国际视野。

最后，制定人才输送方案，保证涉外人才有用武之地。高校在进行涉外人才的培养后可以定期与我国对外贸易机构取得联系，定期开展招聘会，在遵循双方自愿的基础上，让实验班学生选择相应的机构从事相应的法律工作，真正让涉外人才有用武之地。

第四章 学分制在当代法学教学中的应用

第一节 学分制的特征

一、学分认定特性，凸显学生在法学学习中的主体地位

高校法学专业学生可以运用学分认定特性，结合个人的实际法学专业学习状况，并考虑自身法学专业发展方向，在遵守法学专业学习规定的前提下，自主选择个人感兴趣、需要的法学科目，促进个人法学专业综合学习能力的提升。

二、自主选择特性，打造复合型的法学人才

高校法学专业学生可以运用学分制的自主选择的特点，实现跨校课程、年级课程、专业课程的学习，真正做到以法学专业课程为"圆心"，以与法学课程相关的学科知识为"半径"，进行多方位的法学知识结构的优化，适应未来在法学知识学习中面临的挑战，真正将个人塑造成复合型的法学人才。

三、自主监督特性，保证法学专业授课质量

在学生进行法学专业的学习过程中，高校可以根据其各个科目的分数，给予相应的学分，颁发相应的学位证书，实现管理的客观化，促进法学专业授课质量的提升。与此同时，高校可以通过大数据了解在校法学专业学生的实际学分获得状况，并结合他们在实际测试中出现的问题，进行有针对性的辅导，提升法学专业教学辅导的精准性，增强此门专业课程授课的方向性。

四、效能刺激特性，提升法学专业教学能力的全方位提升

为了满足法学专业学生学习的个性化需要，高校以及教师可以充分发挥学分制的效能刺激特性，从不同的方向和角度促进本校法学专业教学能力的全方位提升。具体而言，高校可以从以下三点入手。

（一）购进软硬件设施

高校可以购进软硬件设施，完善本校的无线网络，实现各个法学科目教学资料的有效传输，让学生可以运用多种移动终端进行相应科目的选择。

（二）增强师资力量

要想为更多的法学专业学生提供必要的帮助，高校需要加强师资队伍建设，尤其是提升高校法学专业教师的网络授课能力，让他们制作多种形式的课件，为学生更为便捷地学习相应的法学课程创造条件。

（三）转变教学方式

为了增强法学专业授课的有效性，高校可以转变原有的以课堂为阵地的教学形式，构建"互联网+"的法学授课新形式，让法学专业的学生可以突破传统学习的时空局限，提升整体的法学专业授课能力。

总之，通过运用效能刺激特性，高校以及教师可以从不同角度优化原有的法学授课形式，实现法学教学的全方位升级。

第二节　学分制的理论支撑

一、公共治理理论

（一）国外公共治理理论研究成果

公共治理理论最早是由一些重要国家和地区形成的一些管理经验而来。各国学者对公共治理理论的定义也各有侧重。英国学者罗兹（R. A. W. Rhodes）从研究的视角出发将公共治理定义为善治。"善治"指的是强调效率、法治和责

任的公共服务体系。他还认为公共治理可以理解为一种自组织的网络，是建立在相互信任且互惠互利的基础之上的一种社会协同网络。在这种网络里，政府部门、私人部门和一些自愿的组织等在协同合作的模式下提供公共服务，但是在这种模式下，各个组织之间又是相互独立的。杰索普则认为，公共治理理论的重点在于各组织之间通过平等的交流以及后续不断的反馈来实时地调整管理模式，管理并不是一成不变的，而是一种随着实际情况不断变化的、动态的协作机制，以期达到相对优化的治理效果。

（二）国内公共治理理论研究成果

我国学者俞可平教授认为，公共治理是指公共管理组织在既定的范围内运用权力引导和规范公民的各种行为；顾建光认为，对公共治理的定义应结合具体的社会背景条件，并将公共治理理解为相关部门开展互动的方式以此来影响公共政策。由此可见，大部分学者认为公共治理的特点是讲求各部门之间的合作，对于权力的管理应该是多元的而非集中在某个管理部门或者管理者的手中。

（三）本书的立足点

本书从公共治理理论出发，提出高校学分制改革的顺利进行离不开其主管部门在政策上的大力支持和给予高校更多的自主决策权，也离不开高校各个职能部门之间的协同合作。在改革的过程中，高校应真正地从公共治理理论出发，使改革更有成效。

二、公共服务理论

公共服务理论与法律之间有着千丝万缕的联系，两者之间既相互指引，又相互制约，共同促进法律机器的有效运转。为了更为直观地了解公共服务理论，笔者将简明扼要地阐释公共服务理论的构成（图4-1），并做出详细的解释。

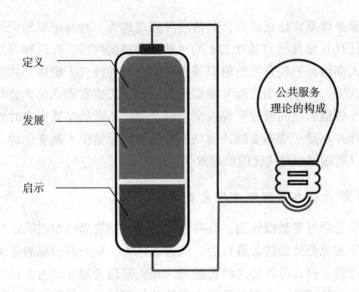

图 4-1　公共服务理论的构成

（一）公共服务理论的定义

公共服务理论是一套解释国家或政府存续正当性及其法律体系的基础理论。该理论认为，国家存在的目的是向其人民提供公共服务，所有国家机构、制定法等国家制度的制定、组织与运行均是以公共服务为最终目的的。

（二）公共服务理论的发展

从起源上看，公共服务的思想内容与理论源于古希腊、古罗马时代，但其发展主要在西方国家。柏拉图在描述理想国家本质的时候就显示出一定的公共服务的思想内容。他认为，城邦的成立是因为我们作为单独存在的个体不能光靠自己获得自足，而是需要许多人住在一起，形成一个公共住宅区，成为相互的伙伴以及助手来获取很多自身需要的东西。另一学者亚里士多德却认为，人必须组成城邦这样一个整体，通过集体满足需求，而不仅仅依靠个人。从上述的描述中我们可以看出，虽然这时候的公共服务思想还处于简单的状态，但透露出国家应为其公民谋福祉的基本理念。随着时代的发展，其内涵不断得到丰富，运用的范围也更加广泛，由此诞生了依据于最小政府这个概念而来的公共服务理论、基于国家意义上的公共服务理论以及在新公共管理语境下的公共服务理论以及整体政府视野中的公共服务理论等概念。当代中国语境下的公共服务主要是基于西方公共服务的基本理论，分析了国家和政府的性质、国家公民的义务与权利，阐述并明确公共服务的目标、方法、制度建设以及机制的建立。根据当代中国的政治经济情况、国家文化和社会的状况，发展相关理论、解释相关情况，并提出相关问题的对策与建议。

（三）公共服务理论对我国教学的启示

以上概括对我国的发展带来了很大的启示，以本书的研究对象学分制为例，作为高校教育发展改革的重要环节之一，大学在学分制的改革上进行过一系列的探索与实践，但也面临一定的难题。要从根本上解决这些难题，必须从公共服务理论出发，剖析困境存在的深层原因，并提出可行性的建议。

三、公共部门理论

（一）公共部门理论定义

公共部门的概念源于西方经济学，直到今天，学术界对这一概念尚未达成共识。西方学术界对公共部门的定义主要依据于公共部门的运作过程以及区别。从前者的角度来看，不管是公共部门还是私营部门，都可以提供产品和服务，因此学者们普遍认同两者具有很高的相似性。但是公共部门与私营部门在提供的服务与产品范围上存在一定的差异。公共部门所提供的产品与服务并不是由消费者主观意愿决定的，而是由政府职能机构决定的，而私营部门则与消费者的需求密切相关，这也就揭示了公共服务部门不是市场运作的产物而是公共决策的结果。从公共部门与私营部门的区别来看，公共部门拥有合法的强制力，而私营部门则没有。

（二）国内公共部门理论的认知

在国内，学者对于公共部门的定义不同，因此也很难形成统一的意见。一些学者认为，公共部门的范围是很广泛的，主要包括国家政权组织和一些第三部门等。与此同时，公共部门还应该是负责社会和公共事务的政府和非政府组织，所有这些都被视为代表社会的公共利益。公共部门既涵盖了纯粹的政府组织下的公共部门，也涵盖了第三部门。简单来讲，我国的公共部门包括党政机关、司法机构、教科文卫各类事业单位。普通本科院校在性质上是属于教育类的非营利性的事业单位，自然也在公共部门的行列。

（三）公共部门理论与本书高校法学教学中的学分制的关系

本书从公共部门理论出发，梳理了大学学分制的发展现状，就其在改革过程中遇到的困境做了深入的剖析，并就如何进一步深化普通本科院校学分制改革提出了相应的对策建议。

第三节　学分制在法学教学中的应用

一、树立正确的法学学分制观念

一个人只有观念正确了，才能树立科学的目标，并在一步步实现目标的过程中达到个人想要的结果。在将学分制运用在法学授课并进行法学教学改革创新的过程中，高校以及教师同样需要树立正确的学分制观念，并将这种观念传递给学生，进行一场全面的法学教学创新性改革，发挥学分制在法学教学中的作用，促进法学教学质量的提升。在树立正确的学分制观念时，高校可以从学生和教师两个角度切入。

（一）学生角度

1.学生在运用学分制中的地位

在学分制的运用过程中，学生需正确认知学分制与个人的关系，即学生是运用学分制的主体，更是评判者。为此，学生需要全面了解学分制的知识，如学分制的定义、学分制的特点以及实施学分制的条件等，并对学分制形成全面、立体的认识，为后续在法学学习过程中更为科学地运用学分制打下良好的认知基础。

2.学生在运用学分制时需要注意的事项

（1）科目的选择。在进行法学专业科目的选择过程中，学生首先需要剔除传统的实用主义思维。究其原因在于，学生从实用主义思维出发进行相应法学课程的选择，经常会出现各个课程之间缺乏联系的状况，即容易让学生的头脑中出现"孤岛式"的知识块，造成整体的法学专业学习效果不佳。针对这种状况，法学专业学生一方面可以自主构建相应的法学知识思维导图，另一方面可以在教师的辅助下进行法学思维导图的绘制，并在此思维导图的指导下，自主选择相应的法学专业课程，促进法学知识体系的形成。

　　以刑事诉讼法课程为例，在进行此部分课程的选择过程中，学生可以回想诉讼法的总体架构、各个架构之间的关系。在此之后，学生可以将三大诉讼法从程序、证据、主体、总论的角度分类，并在此基础上选择相应的课程，从而更为科学地进行法学专业知识的学习。

　　（2）科目的学习。在进行法学专业科目的学习过程中，学生需要树立科学的法学专业学科观念，并制订切实、科学的学科学习计划，一步一个脚印地实现目标。在实际的执行过程中，学生可以从以下三个角度入手（图4-2）。

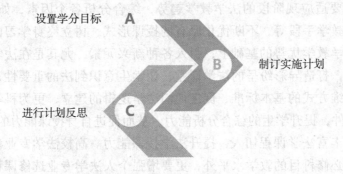

设置学分目标　A

B　制订实施计划

进行计划反思　C

图4-2　科目的学习步骤

　　①设置学分目标。凡事预则立，不预则废。在进行法学科目的学习过程中，高校学生首先需结合个人的实际法学学习状况设立科学的目标，尤其是在所选科目上的目标。

　　②制订实施计划。在实际执行计划的过程中，学生一方面需要从整体的角度入手，了解对应法学科目的主要内容，并制定每一章所要学习的时间，另一方面要对可能出现的问题进行预判，运用多种策略解决这些问题。与此同时，为了确保计划制订的可实现性，学生可以和指导教师、其他同学交流，优化原有的学习计划，并接受同学和指导教师的监督。

　　③进行计划反思。在完成相应的法学科目学习计划后，学生需要对整个学习过程进行"复盘"，即进行反思，找出其中可以改进的部分，积极地采取改进策略，并运用在下一次的科目学习中，通过一次次的"试验"，促进个人法学综合自主学习能力的提升。

（二）教师角度

1.树立科学的学分制思想

任何事物在开始发展阶段总是面临多种挫折，在解决这些挫折的过程中不断成长。在运用学分制的过程中，教师一方面需要认识到学分制在运用中可能出现的问题，另一方面应该制定相应的策略，真正将学分制在法学教学中的效益发挥到最大化。与此同时，教师需要树立"日日新""日日变"的思维，既要有勇气运用学分制模式，又要敢于"解放思想""实事求是"，战胜学分制运用中的各种挑战，促进法学教学创新的进一步发展。

2. 提升法学教师授课能力

（1）从个人教学入手，提升法学授课能力。在学分制的应用过程中，法学专业教师需要适应现阶段的法学教学趋势，综合分析各个因素，如教学内容、教学方式、教学手段等，不断优化原有的授课形式，树立终身学习的意识；在集成传统法学教学优势的基础上，引入各种新兴元素，尤其是在法学教学创新方面的元素，打造异彩纷呈的法学课堂，让学生意识到法的重要性，并将法律作为个人思维方式的基本标准，促进他们法学逻辑的建立，更为科学地分析相应的法律事件，提升学生的综合分析能力，从而促进自身授课能力的增强。

（2）从丰富法学课程切入，提升法学授课能力。高校法学专业教师除了要提升个人的必修科目的教学水平外，更要增强个人法学专业选修课程的授课能力。具体而言，高校法学教师可以以核心法学课程为基点，适时地向外延伸，学习更为接近核心法学专业课程的其他科目，在降低选修课程教学坡度的同时，促进个人法学授课能力的提升。同时，教师选修课教学能力的提升有利于为学生进行更为多元的法学课程选择创造师资条件。

（3）从增强教学和科研的融合性入手，提升法学教师授课能力。笔者认为，"科研"是"个性化"，"教学"是"普适化"。为了真正将科学研究成果引入法学实际授课过程中，高校以及法学专业教师可以分析科研成果与现实教学之间的差距，并进行专业的课题研讨，发现两者之间存在的差距，真正将科研成果运用在实际的法学授课中，促进法学教师教学能力的提升。

二、理顺内部关系，开展协同聚焦，促进学分制的顺利运行

学分制的有效运行是学校各个部门相互协同的结果。为了提升学分制的运行效率，高校可以借助各个部门的力量，构建相应的学分制部门协同机制，促进学分制的顺利运行。在实际的学分制运行过程中，高校可以主要从以下部门入手。

（一）教务部门

教务部门的主要作用是制订总体教学改革计划，推动各项教学制度的实施。在进行学分制的推行过程中，教务部门可以从以下两点抓起。

（1）拟订总体计划。在总体计划的制订过程中，教务部门可以结合法学专业授课状况，构建相应的学分制模式，重点是构建学分与学位授予之间的连接，让教师按照相应的总体计划落实法学教学策略。

（2）制定实施细则。在具体的实施细则制定过程中，教务部门为了更加细致地了解对应的法学专业课程，可以与法学专业教务处联系，更为细致地了解法学专业内容，构建法学专业内容与学分制的连接，真正让每一部分的法学知识与对应学分相联系，促进学分制度制定的细化，让学生在具体的学习过程中有所依据，促进学生法学专业科目学习能力的提升。

（二）人事部门

人事部门的主要作用是对教师进行考核，尤其是进行业绩方面的考核。在实际的工作过程中，人事部门可以将学分机制引入教师的考核过程中，并以教师实际指导学生的学分为依据进行相应的考核，给予相应的奖励。与此同时，人事部门为了让教师树立科学的学分制理念，并在具体的教学过程中运用这种思维，可以适时地开展培训，让教师掌握学分制在实际运用过程中的特点以及具体的实施方案，最大限度地发挥学分制的作用，提升本校教师的综合教学能力。

（三）学生协会

在实际的法学专业教育创新与实践过程中，高校可以借助学生协会，以学分制为法学教学改革的突破口，协助学生组织多种形式的法学专业活动，让学生在耳濡目染中逐渐掌握法学学习规律，促进他们法学逻辑的形成。在实际的执行过程中，学生协会可以通过组织多种形式的法治实践活动（图4-3），协助学生提高法学专业能力。

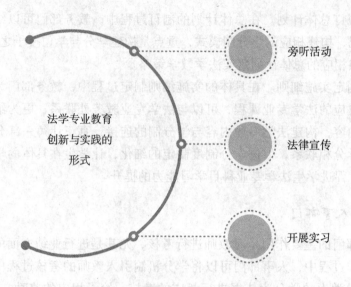

旁听活动

法律宣传

开展实习

法学专业教育
创新与实践的
形式

图 4-3　法学专业教育创新与实践的形式

1. 旁听活动

学生社团可以借助学校的力量，争取在法院旁听的权利，在维护整个法庭审判秩序的前提下，通过观看审判了解审判的过程，充分运用法学知识解读审判中的各个片段，促进学生法学知识综合运用能力的提升。在此之后，学生社团可以模拟审判场景，并邀请专业的法律专家莅临指导。更为重要的是，学生社团可以让专家参与到学分制的权重审核中，为表演学生打分，让学生在此过程中掌握更为专业、实用的法学知识。

2. 法律宣传

高校可以支持学生社团进行法律宣传活动，并在活动的过程中开展普法宣传，为后续的工作奠定实践基础。更为重要的是，学生社团可以将学分制度引入其中，结合每个社团的具体表现进行有针对性的打分，对他们的表现提出相应的策略，这可以让社团中的每一位成员学习课本之外的知识，掌握与他人沟通的方法，为学生毕业后的工作积累宝贵的经验。

3. 开展实习

高校可以帮助学生社团与法律机构达成合作协议，让学生以社团的形式参与到各个案件的分析、审理中，真正掌握具有实际效用的工作方法。更为重要的是，学校可以引入学分机制，让各个主体对学生的表现进行打分，并根据学生在实习中的表现给予有针对性的指导，让他们立足现实，掌握实用的法学知识，发挥学分制的积极作用。

（四）就业部门

就业部门在为学生的自主择业进行服务的过程中可以从以下三点入手。首先，介绍法学专业工作岗位。就业部门可以在学生刚入学时，向他们进行法学专业工作岗位的介绍，让学生对未来就业方向有一个整体的认知。其次，了解学生的学习状况。在进行一段时间的专业知识的学习后，就业部门可以通过多种方式了解学生的实际学习状况，尤其是他们的专业知识掌握状况，并进行有针对性的打分。最后，进行相应的引导。就业部门可以根据学生的学分，了解他们在法学学习中的优势，进行有针对性的就业方向的指导，让学生找到最适合自己的法律工作。

三、构建选课制度，为学分制的有效实行奠定基础

高校以及法学专业教师可以通过选课的方式完善学分制度，让学生可以自由进行课程的选择，促进学分制的有效实行。在实际的选课制度构建过程中，高校以及法学专业教师可以从法学专业培养方案的制定、法学专业课程基础建设以及法学专业教务选课制度系统的运用三个角度切入。

（一）法学专业培养方案的制定

在法学专业培养方案的制定过程中，高校以及法学专业教师可以结合历来的经验，设置相应的教学方案，并设置相应的必修课程以及选修课程。以法律系教学为例，高校以及法学专业教师可以结合实际设置相应的课程。例如，必修课程包括知识产权法、经济法、国际税法等；选修课程包括证据法、法医学等。学生可以根据个人的实际需要灵活选择相应的法学课程。

（二）法学专业课程基础建设

高校需要加强法学专业课程建设，一方面满足学生的课程选择需要，另一方面促进学分制的顺利开展，实现法学教学的自由化、创新化，推动法学教育的良性发展。在实际的法学课程基础建设过程中，高校可以从以下两点入手。

1. 构建网络化课程资源

在构建网络化课程资源的过程中，高校可以结合现阶段法学教学课程现状设置相应的法学网络模块，如根据法学教学要求设置相应的法学网络模块，即法律研究能力模块、法律思维能力模块、法律实务能力模块、语言表达与法律

文书书写能力模块、组织协调能力模块、批判能力与创新模块。与此同时，教师可以设置相应的选修模块，让更多的学生拥有更多的法律知识学习的空间。

2. 打造法学专业课程开发团队

高校可以结合本校的实际状况，进行课程开发团队建设。首先，构建课程开发团队。高校可以结合实际状况，构建小型的课程开发团队，引入课程开发者、组长、专家、评判小组。其次，设置课程开发教研室。高校可以构建课程开发教研室，组织在校教师进行法学专业课程的开发，并设立相应的课程审核、执行、反思制度，形成健康、良性的课程开发循环，为学生打造更为多元的法学课程，在推动法学专业教学形式创新的同时，为学生打造更为多元的法学专业课程学习空间，促进他们综合法学学习能力的提升。与此同时，高校教师可以设置法学专业课题，并将其引入法学专业新课程的开发过程中，这样一方面可以从解决现阶段法学专业问题入手，另一方面可以结合现阶段的社会现状，构建符合实际的法学专业新课程，让学生在法学学习中多一种选择，多一个拓展法学知识的维度，并在完成相应学分的过程中获得法学综合学习能力的提升。

（三）法学专业教务选课制度系统的运用

下面，笔者将着重以法学专业教务选课制度系统为切入点，介绍此系统的运用过程，简要地展示此系统的功能，以促进网上法学选修课的有效开展。

1. 学生登陆教务选课制度系统步骤

首先，学生在 IE 栏输入网址进入教务管理系统登录界面。其次，用户名为学号，初始密码为学号，角色选学生后登录，账号和密码都区分大小写字母。最后，如果忘记密码，点击"忘记密码，点此取回"，在弹出的页面输入学号、姓名、身份证号后点击查询，即可取回密码。

2. 法学专业学生的信息维护简介

首先，修改密码。为防止个人信息泄露，点击"信息维护""修改密码"，修改自己的原始密码。其次，个人信息维护。学生需要点击"信息维护""个人信息"，核对和修改个人信息。值得注意的是，其中个人信息包括学号、姓名、身份证号、学院、专业、班级。

3. 公共选修课选课管理系统的操作步骤

首先，在"网上选课"中选择"全校性选修课"。学生可以结合个人的实际法学学习需要，选择对应的法学课程。其次，确定课程。点击所选课程左边小框，出现对号表示选中，点击"提交"按钮。值得注意的是，第一，如果提交成功，可以在"已选课程"栏目中看到刚才选修的法学课程；如果提交失败，会弹出相应的对话框提示。第二，选课完成后可以在页面最下方见到已选法学课程，并在每门法学课程后面有"退选"按钮。最后，查询课程信息。在选课结束后，学生可点击"信息查询"下的"学生个人课表查询"查看自己所选法学课程的时间和地点。

四、以导师制度为补充点，促进学分制的顺利执行

（一）导师制度的重要性

导师制度是学分制度的有效补充。在创新法学教学过程中，高校可以从完善法学导师制度入手，完善现阶段的法学学分制度，以达到以下的目的。

（1）学生可以获得专业的法学知识指导，更为科学地进行法学科目的选择，促进他们法学知识的完善，增强他们的专业法学能力水平。具体而言，学生可以获得以下五方面的能力。①学生可以掌握法学各个科目的理论和实践知识。②学生可以掌握法学最为基本的分析方法和技术。③学生对法学具有前瞻性的了解，尤其是了解法学的理论前沿以及我国法学建设的总趋势。④学生可以运用法学知识分析生活中的相关案例，逐步具备认识、处理问题的能力。⑤学生可以在法学案例的分析过程中，运用最为基本的资料查询方法，如资料查询、文献检索等，搜集具有实际效用的法学知识，并将这些知识运用在解决实际法学案例过程中，促进学生科研能力以及实际工作能力的双重提升。

（2）辅助学生树立正确的学习观念。高校法学专业的教师可以根据学生的实际学习状况和不正确的学习心理进行专门的指导，让学生真正树立正确的法学学习观念。比如，针对某些学生在法学学习中存在畏难的心理，教师可以适时地对学生进行心理疏导，如播放相应的视频，或是名人名言。导师通过对学生进行心理疏导，让学生勇于面对法学专业学习中的困难，运用多种途径克服这种困难，并真正在攻坚克难中摸索出属于个人的法学学习习惯和思维，真正发挥法学教学在心理方面的积极作用。

（二）导师制度中的导师任职条件

在进行法学专业导师聘任制度的构建过程中，导师的任职条件可以从以下三个方面考虑：①高校法学专业导师要具有高尚的职业道德、较强的责任感、对本职工作具有敬畏精神；②高校法学专业导师要熟悉法学教学规律，具有较丰富的法学教学管理经验以及较强的法学专业教学科研能力；③高校法学专业

导师要熟悉法学专业的人才培养目标、实际的教学环节可以根据学生的实际法学专业知识学习状况进行因材施教，获得良好的法学授课效果。

（三）导师制度中的导师执行条件

在实际的指导过程中，高校导师可以从指导学生、服从工作以及教学反思三个角度入手。在指导学生的过程中，高校导师可以从以下四方面切入，如图4-4所示。

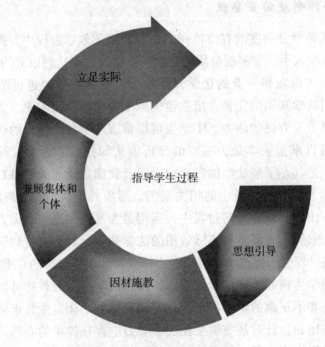

图4-4　指导学生过程图

1. 时时对学生进行思想引导

高校导师可以时时关注学生的思想动态，注重从法学专业授课过程中了解学生的价值观、人生观以及世界观，并进行纠正，使学生形成正确的法学学习态度和思想，让他们在教师的指导下逐步具备科学精神、创新精神以及人文精神，促进他们法学综合素质的提升，发挥自身在塑造学生思想方面的积极作用。

2. 开展因材施教教学策略

在辅导学生的法学专业学习过程中，教师可以充分发挥自身的法学授课优势，在了解学生法学专业综合学习能力的基础上，适时地对他们的法学专业学习提供针对性指导，从法学学习方法、法学学习专业课程选择、未来法学专业职业生涯规划的选择等多个角度入手，因材施教，积极发挥导师在教学中的指导性作用。

3. 兼顾集体指导和个体指导

在辅导学生的过程中，高校法学专业导师可以坚持集体指导和个体指导相结合的原则，一方面从全体法学专业学生的学习状况入手，开展集体指导，促进整体法学教学质量的提升，另一方面可以从个体学生入手，即结合每位学生的性格、特点以及法学基础知识进行针对性指导，实现法学专业授课的精准性，促进个体法学学习能力的提升。

4. 立足整体法学专业发展实际

高校法学专业导师在辅导学生的过程中需要立足整体法学专业发展实际，既要顺应当前法学专业授课趋势，又要结合本校的法学专业授课状况，从学生、教学实际、授课内容等多个角度入手进行法学知识的传授，增强法学专业指导的"接地性"。

五、完善学生沟通机制，促进学分制功能的实现

法学专业在推行学分制的过程中，学生在学习过程中产生了各种各样的问题。为了解决这些问题，法学专业教师可以完善沟通机制，通过与学生进行沟通，了解并解决学生在法学专业课程学习中的问题。具体而言，高校以及法学专业教师可以从以下三点入手。

（一）构建学生沟通机制的思路

在设置学生沟通机制时，高校以及法学专业教师可以从双向和闭环两个角度入手进行沟通机制的构建。具体而言，在双向互动的过程中，教师可以向学生发布相应学分制知识，而学生可以向教师以及学校反映学习中的问题，如选修法学科目中的问题。此种互动形式能够促进有效信息的沟通，促进法学教学质量的提升。在闭环设置方面，高校以及法学专业教师可以构建闭环式的沟通机制，不仅要指出学生在法学专业学习中的问题，提出针对性的建议，而且需要监督学生的法治专业课程学习执行状况，并结合他们的最终学习成果，进行"二次"指导，形成闭环式的沟通机制，促进学生综合法学专业学习能力的提升。

（二）熟悉学生沟通机制的方式和主体

在构建学生沟通机制的过程中，高校以及法学专业教师可以从沟通方式以及沟通主体两个角度入手。在沟通方式上，高校以及法学专业教师可以采取线上与线下相结合的策略。在线上，法学专业教师可以进行个体沟通，尤其是结合学生在学分制模式下的法学专业学习问题进行针对性指导。在线下，法学专业教师可以开展以集体为单位的线下沟通活动，集中解决本班学生的法学专业课程问题。在沟通主体上，高校法学专业教师可以构建多元的主体沟通形式，如师生沟通、生生沟通等，通过不同形式的主体沟通，让师生、生生在相互交流中获得法学逻辑思维的完善，提升整体的法学教学质量。

（三）设定学生沟通机制的内容

在设定学生沟通机制内容的过程中，高校法学专业教师可以以必修课为内容，如经济法、国际税法、国际经济法、商法学、刑事诉讼法等，也可以以选修课为沟通内容，如证据法、婚姻家庭法、法医学、外国法制史等，还可以以具体的实践内容为沟通载体，如以议案辩论、模拟审判、专题辩论、社会调查、法律咨询等为内容，进行有针对性的沟通，促进学生法学专业综合能力的提升，实现学分制在法学专业教学中的有效运用。

第五章 市场需求背景下当代法学教学新路径

第一节 市场需求与法学教学之间的关系

一、市场需求背景下法学教育的经济特性

（一）市场背景下法学教育的经济性产品——法学人才

1. 法学教育产品的定义

众所周知，产品是指用于满足人们某种需求，在市场上流通的物品。法学教育产品是一种喻指，是指高校向人才市场提供高素质的法律人才。法律人才的产生以高校系统性的教育为前提条件的，而高校法学教育以满足市场的法律人才需要为最终目的。

2. 法学教育产品的价值

法学教育产品的价值是通过完成顺利让渡实现的。换言之，高校人才只有在法律人才市场中获得相应的工作，在工作过程中做出个人的贡献，获得相应的劳动报酬以及精神财富，才能体现其价值。由此可见，法学教育产品的价值兼顾社会性和自我性。为了辅助法学教育产品实现自我价值和社会价值，法学教育主体需要以法学人才市场为前提，即了解法律人才市场或是企业对于法学专业人才的实际需求，并以这种人才需求为着力点，进行市场化的人才培养，实现法律教育产品价值的顺利让渡。

3. 法学教育产品的加工方向及方式

（1）法学教育产品的加工方向。除了向法律人才市场提供必要的法学教育产品外，高校更注重以依法治国为方向进行法律人才的培养，注重向社会源源

不断地提供高素质、应用型的法律人才,旨在促进我国法律的进一步传播,让人们真正在日常生活中知法、懂法、守法和用法,进一步运用各种法律知识解决生活中的问题。

(2)法学教育产品的加工方式。在打造法学教育产品的过程中,高校需要从理论和实践两个角度对法学教育产品进行加工。在理论方面,高校可以以法律人才需求为导向,夯实学生的法学专业基础,并注重将这些目标落实在日常的法学理论教学中,如落实在法学理论教学内容、方式以及课程设置上。在实践方面,高校同样需要遵循法律人才市场的需求,构建不同形式的法学专业实践教学形式,如校企合作等,最终达到增强法学教育产品综合价值的目的,顺利实现法学教育产品价值的让渡。

(二)市场背景下法学教育经济需求——法学人才需求

1.法律人才需求方

笔者在此对法律人才需求方从狭义和广义两个角度论述。在狭义方面,法律人才需求方既可以指某个人,又可以指社会团体,如某个组织或是公司。从广义来讲,法律人才需求方是指社会中潜在的具有对法律人才需求的个体。这种需求一方面是直接需求方,即有些人在进行法律咨询、公证、起草法律文书及进行法律案件起诉时,需要法律专业人员提供服务,这些有法律专业服务需求的人即为直接需求方;另一方面是间接需求方,即每个人在生活中经常性地存在法律人才需求的可能,如在汽车行驶过程中出现汽车相撞、在进行财产分割等时候需要法律专业人才提供相应的法律服务,这里的"每个人"即为间接需求方。总而言之,我国是一个法治国家,生活在我国的每一位公民都可能成为法学教育产品的直接需求方或是间接需求方。

2.法律人才需求场所

这里的法律人才需求场所即为法律人才市场。法律人才市场的作用是通过交换的方式满足供求双方的实际需求,实现法学教育产品价值的顺利让渡。实际的法律人才需求场所中有两种需求形式。第一种需求形式即为直接需求。这种需求方式的呈现形式是以直接进行等价交换的方式实现。比如,一名法律人才通过向需求人提供法律服务的形式,获得相应的报酬,此为直接需求的呈现形式。第二种需求形式即间接需求。法律人才通过人才需求场所,获得一定的功能实现,并不断通过工作的方式实现个人的自我价值和社会价值,这是第二种需求形式,即就业。比如,一名学生通过个人的努力终于在检察院获得相应的职位，并在此职位上不断为社会做出贡献，在获得报酬的同时，也获得了人们的认可，此为第二种需求形式的表现。

（三）市场背景下法学教育应用反馈——法学人才就业

法学人才就业一方面可以反映实际的教学成果，另一方面可以展现学生在就业市场中的优势，更是法学院综合教学能力的直接体现。为此，笔者认为有必要对法学人才就业内容进行探讨，并着重从图 5-1 所示的内容进行论述。

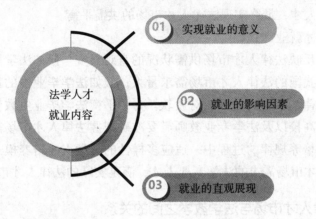

图 5-1　法学人才就业内容

1. 法学人才实现就业的意义

法学人才实现就业的意义在于，一方面可以满足法律服务市场的需要，另一方面保证国家法治的顺利进行，为我国依法治国战略的实施提供必要的人才基础。为了进一步加深对法学人才实现就业意义的认识，笔者下面解释法学专业人才获得岗位的必要性。以国家法官人才为例，假如我国在法律服务市场上没有足够的法官人才会造成两种不良的影响。对案件审判而言，因为我国的法官人才减少，所以单个法官的工作量会增加，长此以往，法官实际的工作质量会逐渐下降，甚至会出现错判、误判的状况。从社会稳定方面而言，长期缺乏相应的法官极易导致人们无法通过法官伸张正义，维护个人的合法权益，造成一些社会不稳定因素的产生。为此，高校需要加强对法学专业人才的培养，从法律人才市场的需求出发，培养高素质、复合型的法学专业人才，从而满足我国社会主义市场经济背景下的法律人才需要，促进法学人才的顺利就业。

2. 法学人才实现就业的影响因素

我国实行的是社会主义市场经济体制，受到市场经济的影响，法学专业人才的供需同样受到人才市场的影响。在实际的法律人才市场中，法学专业人才的就业率受到市场的影响。就实际情况而言，由于受到各方面因素的影响，人们对于法学人才的专业素质提出了更高的要求。为了保证法学人才的顺利就业，高校在人才的培养过程中应注重从提升人才的综合素质，根据市场的实际需要针对性地培养法律人才，真正为社会提供强有力的"法律细胞"，促进各种社会纠纷的解决。值得注意的是，在进行法学专业人才的培养过程中，高校需要从法律人才市场需求入手，设置相应法学教学内容、方式和目标，真正打造市场需要的法学人才，最终实现法律人才市场的供需平衡。

3. 法学人才就业的直观展现

就业率是反映法律人才市场供需状况的直观展现。假如法学毕业生的就业率高，则说明我国的法律人才市场需求量大；假如法学毕业生的就业率低，则说明我国的法律人才市场需求相对疲软。为了平衡法学毕业生数量与市场需求之间的关系，高校以及法学专业教师需要准确把握法律人才市场需求情况，在遵循法学人才培养规律的过程中，适应多样性的法学人才培养模式，真正构建出符合法学人才市场需求的法学专业人才，满足实际的法律人才市场需要。

二、法律人才市场与法学教学之间的关系

（一）市场强职业化与教学弱实践化之间的矛盾

1. 法学专业的市场强职业化

法学是一门兼顾理论性和实践性的学科。在法学教学过程中，高校教师一方面需要关注现实，将社会中的各种案例融入法学教学的过程中，让学生真正在生活化的案例分析中逐步树立科学的法学思维；另一方面需要夯实学生的法律知识基础，尤其是优化学生的法学知识结构。更为重要的是，教师可以适时地进行有针对性的引导，让学生在教师的引导下搭建法律案件与学生法学知识之间的桥梁，既让学生通过分析案例加深对法学知识的理解，又让学生运用法学知识加深对案例的认知，这样不仅可以让学生灵活地运用法律知识处理法律纠纷，而且可以使他们以法律规范为基准，培养科学的处理、分析以及观察各种社会事件的思维方式。

2. 法学专业实践课程的弱化

从现阶段的法学教学过程中，部分法学专业教师在教学过程中出现封闭性、弱实践化的状况。就实际情况而言，大部分学生在法学学习过程中具有扎实的理论基础，但由于缺乏相应的法学实践机会，导致部分学生的法学综合实

践能力很弱。造成这种现象的原因在于法学专业教师采用封闭的授课模式，并不注重构建具有实践性的法学课程。比如，教师并未真正引入实践课程，导致学生存在法学专业学习畸形的状况。

为了解决这些问题，法学专业教师可以从以下两点入手。首先，开展公益性法律服务实践。教师可以开设相关的法律课程，让学生参与到社会化法律服务过程中，如结合实际安排学生到附近的律师事务所进行实习，真正通过现实的案例加深对法律案件的认知。其次，开展法律程序模拟。高校法学专业教师可以进行法律程序模拟，组织学生分别扮演审判长、审判员、书记员、原告、原告代理律师、被告、被告代理律师等，准备相应的材料，如让学生收集刑事证据等。与此同时，教师可以安排学生参与相应的审判流程，如法庭调查、法庭辩论等，让他们融入其中，从而加深对审判流程的认识，促进学生综合实践能力的提升。

（二）市场需求多元化与学生法学知识结构单一化的矛盾

1. 市场需求多元化

市场需求多元化主要是指法学知识与其他科目的融合性愈来愈强，这也导致现阶段法律服务呈现专业化和复杂化并存的状况。在实际处理法律案件的过程中，法律专业人士需要擅长应对多种案件，包括刑事诉讼、民事纠纷、影视娱乐、环境保护、金融风险等。就目前而言，我国的法律尚未细化，这也导致现阶段法学教学存在较大的提升空间。总而言之，一个国家的经济发展程度与自身的法律细化程度呈正相关的关系，尤其是受到新领域的影响，从而对我国法律有了更为广泛和细致的要求。这也凸显出我国法律市场需求存在多元化的特征。

2. 学生法学知识结构单一化

在现阶段的法学专业教学过程中，大部分学生主要学习关键的几门课程，如诉讼法、行政法、民法、刑法等。值得注意的是，在学生进一步深造的过程中，他们只是进行针对性的法学知识学习，并未涉及其他科目的融合问题，这也导致了我国部分法学专业学生的法学知识结构单一化。为了解决这种问题，高校需要重视法学专业课程与其他学科之间的衔接，让学生在灵活掌握法学知识的基础上，了解更为多元的其他学科知识，从更为专业的角度分析相应的法学内容，真正将学生培养成为复合型的法律人才。就目前而言，我国在培养复合型法律人才方面存在较大的发展空间，并需要在复合型法律人才培养的教学方式、课程设置以及标准构建方面有新的突破。

（三）市场精英化人才需求与学生综合素质弱化的矛盾

1. 市场精英化人才需求

市场对法律精英人才的需求是各种因素综合作用的结果。法律精英人才不仅具有较高的业务素质，具备处理各种社会复杂事务的能力，如经济问题、社会问题、行政问题等，还具备较强的思维品质以及高尚的法律伦理道德。正是由于我国缺乏法律精英人才，导致当前我们在处理各种对外经济事务中处于面临重重问题的尴尬状况。与此同时，在现阶段的法学专业授课过程中，部分高校法学专业在教学的各个环节缺乏相应的精英人才培养条件，如缺乏相应的课程、设备、教学内容等，导致现在的法律精英人才的培养步履维艰。

2. 法学专业学生综合素质弱化

就现阶段而言，在法学专业的授课过程中，部分教师将教学的关注点集中在培养学生的专业技能上，尤其是注重提升他们的专业成绩，并不注重培养学生的专业素养，导致学生在法学学习过程中将所有的精力集中在提升成绩上，并不注重提高个人的法学思维品质，导致他们的综合素质相对弱化。与此同时，有些教师在教学过程中存在严重的传统思维，只是让学生记忆相应法学知识，并不注重启发学生的法学思维，致使学生在法学知识学习过程中存在思维固化的状况，使强化学生的法学专业素质成为空谈。针对这种状况，在法学教学过程中，教师应注重提升学生的综合素质，并将精英化人才培养策略融入法学授课过程中，促进法学专业精英人才的形成。

具体而言，法学专业教师可以以国际贸易为基点，构建复合型法学专业教学体系，并重点从如图 5-2 所示内容入手。

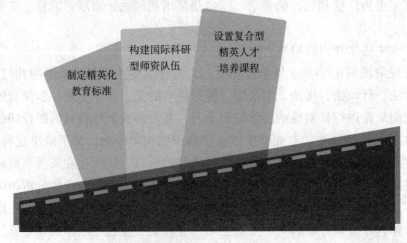

图 5-2 构建复合型法学专业教学体系

（1）制定精英化教育标准。学生应以扎实的法学基础为前提，以牢固的国际贸易知识结构（经济学知识、国际贸易规则等）为基础，具有较强的跨文化沟通能力以及国际视野。

（2）构建国际科研型师资队伍。在实际的构建科研型师资队伍的过程中，高校可以利用教学的优势，组织一批国内外一流的法学博士，并整合本校的其他优秀师资队伍，如外语学院翻译专业的教师、国际经济与贸易专业的教师等，构建多学科、复合型的国际科研型师资队伍。

（3）设置"法学＋经济＋外语"的复合型精英人才培养课程。高校可以设置"法学类专业基础性课程"（包括经济法、商法总论、民法总论等课程）＋"国际经济方向的特色核心课程"（包括国际投资法、国际贸易法、国际商事仲裁等课程），旨在增强法学专业学生处理国际贸易争端的能力，增强他们的综合素质。

总之，上述措施旨在真正构建一支综合素质高的精英化法律人才队伍，为社会提供"两型"法律人才，满足社会对于精英化法律人才的需要。

第二节　新时代法学存在的新现象

一、新时代法律人才培养呈现层次化的特征

通过设立层次化的人才培养目标，各个高校可以满足不同用人单位对人才的需求，构建更为多样的法律人才培养体系。新时代法律人才培养呈现层次化的特征，其主要包括人才培养类型以及人才培养目标两方面的内容。

（一）新时代法律人才培养类型

就现阶段而言，我国已经有 700 多所法学院校，根据实际的法学教学类型，笔者将现阶段的人才培养类型划分为以下三个层次。

1. 普通高等法学教育高校

此种教育形式是最为普遍的法学教学类型，具体包括以下法学学校：法学院或是法学系（主要指农林学院）、理工学院（其中包含法学专业）、财经学院（其中包含法学专业）、专业性政法学院、综合性法学大学。这些大学的主要人才培养方向为学术性法律人才和应用型法律人才。

2.司法辅助类法学院校

顾名思义，此类法学院校的主要目标是培养司法辅助人才，其中的学校包括法官学院、检察官学院、政法管理干部学院、法律函授学院等。

3.中级法学人才学院

中级法学人才学院主要包括司法学校、司法警官学院，还包括一些成人类的法学专业课程、函授课程等。值得注意的是，函授课程受到广泛的认可，进而掀起一股法学热，进一步推动了法学人才的培养。

（二）新时代法律人才培养目标

本部分将主要从法律人才的培养目标以及涉及的法律专业院校入手进行介绍，旨在更为全面地展示我国法学人才培养目标，为后续法学专业教育创新与实践提供必要的支撑。

1.专业型法律人才

这里的专业型法律人才具有以下三方面的特征。①扎实的法律理论知识。专业型法律人才既要掌握系统的法律专业知识，又要熟知法学基本理论，还应掌握我国的法律法规和外国的法学动态以及法律法规。②较强的沟通能力。专业型法律人才应该具有较强的沟通能力。这种沟通能力主要体现在以下四点：首先，能够解读、书写和阐述专业的法律文书；其次，具有较强的英语表达能力；再次，具有较强的沟通能力，可以通过对话人的浅层表达，洞察对话人内心的活动，并运用专业知识解答对话人的各种困惑；最后，具备专业法律素质，即一方面具有技术性的法学知识，如法医、司法鉴定、律师实务等方面的知识，另一方面兼备从事法学教育、研究工作与独立从事司法实务以及准确的立法工作方面的能力，还应具有较高的思想道德素质以及政治站位。③较强的计算机能力、互联网思维，可以适应新时代法律行业发展的新趋势。

培养专业型法律人才的学校有三江学院、兰州大学、四川大学、吉林大学、北京师范大学、郑州大学、华南师范大学。由于涉及的大学较多，笔者在此不一一赘述。

2.复合型法律人才

（1）复合型法律人才的定义及培养模式。

①复合型法律人才的定义。复合型法律人才是指除了具有专业的法律知识外，还具有一门其他学科的专业知识，并在该专业从事法律工作的人才。通常的复合型法律人才的培养模式为"其他专业+法律专业"的模式。

②复合型法律人才培养模式。在进行复合型法律人才的培养过程中，高校

应发挥本校强势专业的优势，构建本学院强势专业与法学专业两个学科之间的连接，让学生在学习两个科目中逐渐成为复合型法律人才。具体而言，复合型法律人才的主要培养模式有两种。第一种是本科教育的横向水平复合，即在学好法律专业的基础上，再学习一门本校的强势科目，即通过在本科教育中的主辅双修实现。比如，工科类学校充分运用工科专业优势，设置知识产权专业，更好地与本校的强势专业进行融合。又如，财经类专业学校利用本校财经专业的优势，设立财经法律专业。再如，一些外语类大学利用经贸专业的优势，设立财经法律专业等，让学生获得双重学位。第二种是研究生教育的垂直水平复合，即通过双学位双专业实现。

（2）培养复合型法律人才所包含的内容。

①法律人才培养目标。复合型法律人才的培养目标：具有较强的法学理论基础、实践能力，具备较强的沟通能力，如口语交际能力强。

②法律人才培养方式。为了促进复合型法律人才，笔者所在的学校通过注重对法学专业教材、课程以及教学方法的改进和创新，打造"综合素质高、法学基础扎实、宽口径"的法律人才。

③积极学习发达国家的法学教育经验。为了适应国内外发展需要，高校以及法学专业的教师需要构建国际化的法学专业授课模式，注重在结合我国以及本学院特点的基础上，形成具有中国特色的国际化法学专业授课模式，真正为我国走向世界提供必要的知识支持。

（3）培养复合型法律人才的学校。培养复合型法律人才的学校主要有湘潭大学、暨南大学、厦门大学、浙江大学、复旦大学、北京大学和清华大学等。

3. 通识型法律人才

（1）通识型法律人才的特征。通识型法律人才具有三方面的特征：①兼备法律意识和法治思想，实现素质教育与专业教育的完美融合；②具有法学专业学生的思辨能力；③具有扎实的法学专业功底。高校应注重培养法学专业学生的综合性能力，既要让他们掌握扎实的理论基础，又要使他们具有较强的实践能力，真正夯实学生的法学专业基础。

（2）通识型法律人才的培养过程。通识型法律人才的培养是指财经学院与法学院合作，培养熟悉经济业务的复合型法律人才。在实际的培养通识型法律人才的过程中，高校以及法学专业教师可以从如图5-3所示的内容入手。

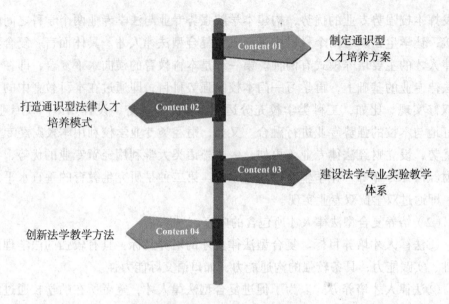

图 5-3 通识型法律人才的培养过程

①制定通识型人才培养方案。高校以及法学专业的教师可以将经济法融入法学授课过程中，打造具有特色的应用型、复合型的人才。与此同时，为了加强经济法的应用性，法学专业教师可以设置专业化和模块化的课程，让学生在实际课程的学习过程中，促进他们法学专业素养的提升。

②打造通识型法律人才培养模式。在此过程中，法学专业教师一方面需要加强经济法课程体系的科学性，又要与本校的拳头专业进行融合，如形成"经济法律应用""经济法律制度""经济法律理论"相结合的理论。

③建设法学专业实验教学体系。在具体实施的过程中，高校以及法学专业教师可以构建层次化的法学实验教学体系，即"观摩中国法庭＋案例分析＋模拟案例处理"的实验教学体系。值得注意的是，高校需要构建经济法课程的实验场所，如实习基地和模拟法庭。

④创新法学教学方法。在法学教学方法的设定过程中，高校以及法学专业教师可以充分运用"互联网＋"技术，引入虚拟现实技术，让学生融入虚拟的场景中，更为直观地感受法庭、案件的审理过程，促进学生法学思维的形成。

二、新时代法律人才市场需求新情况

就发展前景而言，法学专业是一个朝阳专业，社会需求量巨大。与此同时，随着我国依法治国进程的逐步推进，法律人才成为推动依法治国建设的重要人才支持。更为重要的是，我国处于一个法治制度建设逐渐完善的时期，各个行业需要专业法律人才的数量逐渐上升。这也给法学专业学生的就业带来了新的变化。这种新变化主要体现在受市场导向影响较大。就现阶段的法律服务市场发展而言，在法律人才的供求关系方面，随着我国高校的扩招，以及多种形式学习体制的完善，如函授课程等，致使我国法律服务市场存在受市场导向影响较大的状况，其主要体现在以下三点。

（一）就业单位招聘要求提高

就业单位除了要求应聘者为法学专业毕业生外，还提出了更多的限制条件，如要求学生有较高的英语水平、较强的专业实践能力（具有海外留学背景）、较高的专业知识水平（通过司法考试）等。由此可见，就业单位对法学专业人才的综合素质提出了更高的要求。

（二）普通高校毕业生成为就业的主体

就整个法学专业就业状况而言，尽管知名大学的法学毕业生的待遇较为优厚，但是此部分学生的数量相对较小。普通高校法学毕业生成为现阶段法律服务市场中的主体，但就待遇而言，普通高校法学毕业生的待遇有待进一步提高。

（三）法律人才供需两端不对等

法律人才供需不对等主要体现在低层次法律服务市场与高层次法律服务市场上。在低层次法律服务市场上，存在数千人争夺一个岗位的状况，这也导致在此市场存在严重供过于求的状况。在高层次法律服务市场上，供小于求的状况显著，即只有极少数法律人才可以满足高端市场中就业单位的人才要求。尽管此部分就业单位提供的发展平台、薪资待遇较高，但满足需要的人才仍旧较少。由此可见，如何提高法律人才的综合素质，让高校学生在法律服务市场中具备就业优势是现阶段高校进行法学专业创新值得思考的地方。

三、新科技助力法律服务出现新可能

（一）良好的客观环境促进法律人才激增

良好的客观环境，尤其是科技环境为法律人才的激增提供了强有力的支持。比如，一些非法学专业的学生可以运用当前的科学技术学习多种法学知识，并通过考证、参与讲座以及实训的方式获得专业机构的认可，获得从业资格。在此，笔者主要对良好的客观环境（法学知识的可得性）进行简要介绍。

1. 有知识：科技促进多种形式法学知识的形成

在科学技术的推动下，法学知识呈现的形式日益多样，如以声音、文字、视频等形式呈现。这也满足了不同法学爱好者的学习需求，使他们可以结合个人的学习习惯掌握专业的法学知识，促进他们打下扎实的法学理论基础。

2. 多途径和能传播：科技促进法学知识的多途径的广泛传播

在学习方式上，学生可以结合实际需要从多种途径获取法学知识，如阅读电子书、浏览专业的法学网站、通过网络向专业的法律从业人员学习等，从而掌握更具实效性和应用性的法学知识。

3. 可汇集和交流：科技推动专业法学知识的汇集与完善

科技推动专业法学知识的汇集主要体现在以下三点。首先，公众号的形成。在微信上，有多种形式的法律公众号，如用于普法宣传的、用于专业法学知识学习的等。公众号的出现在一定程度上促进了法学知识的生活化、专业化，增强了法学知识的集中性。其次，专业网站的形成。专业法律网站可以提供相应的法律知识，以案例的形式介绍法律知识的应用条件以及相应的法律法规，促进法学爱好者的学习。最后，贴吧、论坛的出现。贴吧、论坛可以最大限度地汇集某一领域的专业人才，并针对某一问题展开深度的探讨。在此论坛和贴吧上，高校学生可以就社会热点问题，与法律专业人员展开探讨，以更为专业的视角解读和剖析法律案件，促进学生专业性法学知识的完善和思维的形成。

总之，科技增强法学知识的可得性，让不同专业的学生可以学习法学知识。与此同时，相应制度的建立，如"1+X制度"的建立，让学生可以在学习本专业知识的同时，掌握其他专业的知识，为学生未来的就业提供更为广阔的空间，加之我国考证制度的进一步完善，也是促进法学人才激增的重要动力。

（二）法律服务呈现智能化特性

科技成为推动服务升级的主要动力源，对于法学服务亦是如此。人工智能开始逐步迈入法律服务中，为法律服务增添新血液。法律机器人的出现一方面可以最大限度地提升法律案件的审判效率，另一方面可以为人们提供多元化的法律服务，为提升法律知识的普及水平赋能。

比如，重庆市涪陵区投放了120台重庆造的"小牛"法律机器人，使市民运用这些"类脑"机器人，可以在街区获得便捷、专业的法律服务。为了让人们了解"小牛"的使用方法，涪陵区司法局的工作人员采用分组讲解和模拟调解两个方式，讲授"小牛"的使用方法，让社区人民获得多种形式的法律服务，如工伤赔偿、劳动争议、消费者合法权益保护等。

在此，笔者对"小牛"这款"类脑"机器人进行简要介绍。"小牛"的技术性体现在以"类脑算法"为核心，融合多种现代科学技术，如大数据智能分析技术、法律语义识别技术、知识图谱技术、区块链技术等。"小牛"采用多项人工智能技术，可以结合实际模拟律师思维或者法官思维，通过多轮语音对话的形式，为市民提供个性化、精准性的法律咨询服务，以有效解决法律专业人员不足等问题。

智能机器人的出现对于高校以及法学专业教师的教学具有重要启示，即法学专业教师需要对现阶段的法学授课形式、教学内容等进行全方位的变革，将法学专业学生打造成为具有专业技能和较高信息化水平的现代法律人才，适应现阶段法律行业发展趋势。

（三）数字化法律服务呈现"遍地开花"之势

在科学技术的有效推动下，数字化法律服务呈现"遍地开花"之势。具体而言，多种形式的"互联网＋法律服务"平台的出现，如中国法院网、中国法律服务网等法律网站和律政时代、懂法帝等各种法律服务软件。

笔者在此简要介绍山东省东营市建设的"东营区掌上公共法律服务平台"。这一平台旨在解决人们在接受法律服务过程中的信息不畅问题，为整体法律服务效能。该平台主要分为四部分内容，如图5-4所示。

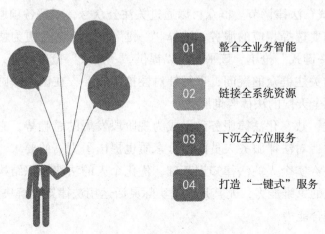

图 5-4　掌上公共法律服务平台

1.整合全业务智能

"东营区掌上公共法律服务平台"设置的法律服务内容多样，主要包括法律咨询、精准普法、委托律师、公证服务、人民调解、法律援助等，旨在打造公共法律线下服务数字化，打通法律服务"最后一公里"。

2.链接全系统资源

此平台链接多个法律服务团队，如第三方法律援助团队，专业性、行业性协调组织，法律服务所，律师事务所等，并将这些团队与全国法律云链接，真正增加提供公共法律线上服务的律师数量，构建出具有权威的、经验丰富的法律服务团队，促进区域法律服务质量的提升。

3.下沉全方位服务

下沉全方位服务主要体现在两点。一是对基层公共法律服务资源的优化配置。为了更为科学地进行法律服务资源的配置，该平台向居民推送公共法律服务需求问卷，了解居民的实际法律需求，形成法律服务事项清单，将这些清单与专业的法律服务团队进行对接。二是设立平台化的"村居法律顾问"。通过线上交流的方式了解、解答居民的法律问题，并结合实际状况，进行有针对性的线下服务，如在各个地区设置法律顾问服务点等。

4.打造"一键式"服务

打造"一键式"服务主要体现在以下三点。第一，"一键式"闭环受理。"一键式"闭环受理是指一个线上服务模块对应一个线下服务模块，线上服务模块培养专门的线上解答源，并与线下服务人员进行对接，实现有效的闭环管理。第二，"一键式"法律调节。群众可以通过关注公众号，了解各项服务，并结合个人的实际需要选择相应的服务，选择"一键"完成，享受更为便捷的律师服务。第三，"一键式"抢单。该平台可以提供"一键式"抢单服务，让律师利用业余时间随时关注群众的疑问，进行针对性抢单服务，在调动律师服务积极性的同时，实现全天候的法律咨询服务。

总而言之，数字化法律服务已经成为现阶段发展的总趋势，它在为人们带来便捷的同时，对法律服务人员的综合素质也提出了更高的要求。法律服务人员一方面需要夯实个人的法律知识基础，优化个人的法律知识结构，另一方面应该具有较强的思维能力，尤其是根据实际灵活运用法律知识解决问题的能力，提升个人的综合能力。

四、新时代法律人才服务新变化

（一）法律服务呈现国际化

法律服务国际化已经成为现阶段发展的主趋势，并呈现出以下特点。①法律内容日益复杂化。法律人才一方面需要学习本国的法律，另一方面需要深入研究其他国家的法律条文，并在此基础上真正做到"融会贯通""触类旁通"，更为迅速地将所学法律知识运用在各项国际事务中，促进各项法律事务的解决。②合作化趋势加强。在处理国际相关事务的过程中，法律人才需要意识到"个人力量的局限性，他人力量的无穷性"，并在与其他法律人员的交流、协作过程中掌握更多的法律思维以及国际法律逻辑，尤其是学习处理各种国际相关事务，如国际商业领域事务、国际仲裁、涉外公证服务、国际贸易谈判、国际投融资法律风险评估等，更好地适应国际化发展态势。③兼顾"独立自主"和"合作共赢"思维。在实际的国际相关事务处理过程中，法律专业人才一方面要提升个人的专业素养，树立学习意识，增强内心对法律知识的"敏感度"，促进法律知识的内化；另一方面要秉持"合作共赢"的思维，与国际法律人才协作，构建中外法律机构，在学习外国同行经验以及结合个人特点的过程中，逐步提升个人的综合法律思维能力，适应法律服务国际化的趋势。

（二）法律服务呈现复合化

没有规矩，不成方圆。各行各业的发展除了需要专业的人才外，还需要相应法律法规的规范，更需要既懂专业知识，又懂法律的人才。这也是现阶段法律服务呈现复合化的重要根源之一。

以氢能源发展为例，为了保证氢能源产业发展的规范性，国家需要出台相应的法律法规，尤其是制定适合氢能源发展实际的法律法规。这也造成了现阶段在氢能源发展过程中既懂氢能源又具备法律专业知识的人才的匮乏。为此，各大高校在开展法学教学的过程中应注重培养复合型人才，既要让本校法律专业的学生具有相应的法律知识，又需具有其他专业知识，从而真正适应法律行业发展的趋势。

（三）法律服务呈现细致化

随着时代的发展，我国各行各业工种不断细化。随之而来的是，与工种对应的法律也需要不断细化,真正让法律法规更好地贴合实际,促进工作的规范化,维护好各个主体的权益。这对现阶段的法学教学改革提出了新的要求。在法学教学改革过程中,法学专业教师以及负责人需要结合各个专业的发展状况,设置与各个专业相对应的法学内容,使法学内容设置细致化和具体化,真正让学生学习到具有"接地性"的法学知识,增强学生未来岗位工作的胜任能力,为实施依法治国策略提供务实性的法律人才。

五、新时代法律人才供给呈现市场化

(一)法律人才培养时间与法律人才市场需求之间存在异步性

众所周知,法律人才的培养一方面需要一定的周期,另一方面需要法律人才个人的实践锻炼,这也导致培养一名优秀的法律人才需要一定的时间。从法律服务市场发展而言,市场具有较强的灵活性和敏感性。高校在进行人才培养的过程中,无法准确预判未来各个行业的发展规律,因而在人才培养的时间上难免出现滞后的状况,即法律人才培养与法律人才市场需求之间存在异步性。

(二)法律人才培养存在明显的趋同性

在进行法律人才培养的过程中,部分高校存在过于跟随法律人才市场需求的状况。在实际的人才培养过程中,全国高校将主要的关注点集中在培养市场需求的法律人才上,导致在毕业季出现同类行业法律专业人才过剩的状况。为此,高校在法律人才的培养过程中,需要妥善处理好法律人才培养与法律人才市场之间的关系。

第三节 市场需求背景下当代法学教学新路径

一、法律人才市场下的法学人才培养目标再定位

法学专业人才好比人才市场中的商品。为了提升学生的就业率,高校需要结合市场需求,明确法学专业人才的培养目标,真正向社会提供高质量的法学人才,在提升学生就业率的同时,增强本校人才培养能力,形成良好的人才培养循环。为此,高校法学专业教师需要以法律人才市场需求为导向,进行法学

人才培养目标的再定位。在具体的目标制定过程中，高校法学专业的教师可以从三方面入手，如图 5-5 所示。

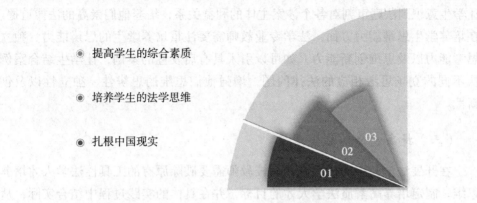

- 提高学生的综合素质
- 培养学生的法学思维
- 扎根中国现实

图 5-5　法学人才培养目标再定位

（一）扎根中国现实

在法学人才培养目标的制定过程中，高校教师需要树立务实精神，扎根中国现实，注重从以下三点切入。

首先，基于我国市场经济发展的实际。在法学人才培养目标的制定过程中，高校教师需要立足我国市场经济发展实际，尤其是法律服务市场中的人才需求，并在结合本校实际的基础上，构建兼顾法律人才市场需求与本校教学实际的法学人才培养目标，让法学人才可以在未来的工作中有"用武之地"。

其次，以我国依法治国方略为导向。在法学人才培养目标的制定过程中，高校教师需要深入解读依法治国方略的内涵，并将对此种内涵的理解落实到法学人才目标的制定上，让学生在了解依法治国内涵的基础上，做到"有法必依""执法必严""违法必究"，打造贴合国家发展战略的高素质法律人才。

最后，增强人才培养目标的开放性。在法学人才培养目标的制定过程中，高校法学专业教师需要树立开放性的人才培养目标，即既要适应当前我国法律人才发展的需要，又要适应世界法律人才发展的趋势，增强法学专业学生未来工作的胜任能力。

（二）培养学生的法学思维

在培养学生的法学思维时，高校法学专业教师可以从培养学生正确的法律道德意识以及思维能力两方面入手。在进行法律道德意识的培养过程中，高校法学专业教师需要让学生真正体会到法律对于国家的重要性、法律人才对于国家的必要性，并在此基础上通过各种教学方式，如模拟法庭审理案件的流程，让学生意识到法庭审判对各个涉案主体的利益关系，培养他们崇高的法律道德。在培养学生思维能力方面，法学专业教师需要注重培养学生的思辨能力、独立思考能力以及思维创新能力，如可以引入具有启发性的案例，让学生结合案例从不同的立场思考相应的法律问题，增强他们思维的思辨性、独立性以及创新性。

（三）提高学生的综合素质

在开展法学教育的过程中，高校教师需要破除原有的工具性法学人才培养思维，制定培养高素质法学人才的目标，并在具体的实践过程中结合实际，从以下三点做出相应的尝试。第一，提高学生法学素养。教师应培养学生的法学素养、对法律实施的探究能力、法律表达能力以及法律思维。第二，培养学生一专多能的知识结构。在法学专业的授课过程中，教师除了让学生掌握本专业的知识外，更应注重渗透其他学科的知识，如经济知识、新能源知识等，让学生以其他学科的知识为助力点更好地了解不同类型案件的始末，并灵活运用法律知识进行更为公正的审判。第三，培养学生良好的心理素质。在法学专业人才的培养过程中，高校教师需要加强学生的心理健康教育，让学生具备较强的心理素质，以更好地适应未来工作中的压力和挫折，塑造学生完善的人格，促进他们心理承受能力和调节能力的双重提升。

通过从中国现实、学生思维和素质三个角度入手，教师可以构建更为科学的法学人才培养目标，真正让学生修炼好适应市场经济发展的"内功"，增强他们未来法律工作岗位的胜任能力。

二、结合人才市场发展趋势构建新型人才培养模式

结合人才市场发展趋势构建新型人才培养模式主要是指进行高素质职业化人才培养，提升法学人才在未来工作中的适应性。在实际的人才培养模式的构建过程中，高校可以从以下三点入手。

（一）创新法学人才培养模式

在探索法学人才培养模式的过程中，高校教师可以从具体的教学过程、环节和方式入手，增强法学教学的职业性，提升整体的法学教学质量。在实际的执行过程中，高校可以参考以下法学人才的培养模式。

1.签订检校共建协议

高校通过签订检校共建协议，即建立检察院与学校法学专业之间的合作协议，一方面有利于建立法学教学实践基地，另一方面有利于借助"外脑"，充分借助检察院的专业优势，促进本校学生综合实践能力的提升，提高他们的法学专业化水平。在实际的执行过程中，高校法学专业教师可以与检察院共同开展案例探讨、学术讲座等活动，促进检察干警与法学专业学生的有效互动，让学生了解更为专业的法学知识，促进法学专业教学走向职业化。与此同时，高校法学专业学生可以开展法学研究、与法学理论专家相互交流等活动，充分借助司法机关的实践优势，提升法学人才培养的深度，让学生真正在与检察人员的交流过程中了解更多的法学知识，拓展他们的视野，增强学生未来工作的专业性。

2.构建"'双师'同堂"，夯实学生的法律实务能力

为了增强法学专业学生的综合实践能力，让他们在法律人才市场的竞争中有一席之地，高校可以在法学专业的教学中引入校外实务导师，构建"'双师'同堂"，将校外实务导师作为"第二引擎"，实行有针对性的"双导师制度"，促进法学专业学生综合实践能力的提升。具体而言，法学专业教师可以从以下两个方面创新人才培养模式。

（1）构建新型理论授课模式。在进行新型理论授课模式的构建中，高校法学专业教师可以从两个角度入手。第一，增强课程教学的灵活性。以开展的"公司法实务前沿"为例，教师可以根据具体的教学内容，灵活选择多种法学授课形式，如实景模拟、案例教学等，在激发他们学习兴趣的同时，让他们沉浸其中，感受法学专业知识思维的缜密性。第二，构建"外引式"的法学授课模式。在此模式的构建高超中，教师一方面可以引入具有国际法律实务经验的专职外教进行法律实务课程的构建，另一方面可以引入外国的远程视频课程，并借助这些视频，结合本校法学教学实际，深入剖析这些视频，形成相应的法学教材、优秀案例等，为后续法学工作的开展提供必要的理论基础。

（2）构建新型法学实践模式。在进行新型法学实践式的构建中，高校法学专业教师可以以实训项目为抓手，以创新实践为目标，构建"学、练、创"相结合的三位一体"双师"实践教学新模式。以"刑事法学"教学为例，在进行此部分内容的"双师"教学中，高校法学专业教师可以从以下三点入手。第一，划分实习项目。教师可以将刑事法学教学内容划分成行业法律服务实习项目、刑辩实务实习项目等。第二，开展远程实习。在远程实习的过程中，学生可以以小组的方式进行远程实习，通过与教师以及视频教师互动的方式掌握相应的

刑事法学实习项目。第三，到律师事务所实习。在实习的过程中，高校法学专业学生可以与律师团队进行双向互选，并让实习学生真正参与到刑事案件的审理中，促进他们法学专业素养的提升，提高学生的职业化水平。

总而言之，"'双师'同堂"的构建可以提高学生的国际交往能力、交叉学科思维能力以及法律应用能力。与此同时，通过开展各种活动，高校可以为学生提供参与各种法律案件的平台，让他们在实际的实践中获得法学专业素养的提升。

（二）创新法学专业职业化教育培养途径

创新法学专业职业化教育培养途径注重从改革法学专业教育的年限入手，构建六年制教学新途径。发达国家法学专业人才培养的时间为七年左右，之所以会有如此长的时间，是因为在发达国家法学专业人才培养的过程中，学生不仅需要学习专业性的法学知识，还要学习通识性的科学知识，如司法考试培训、法律职业技能培训、人文知识以及科学知识等，真正将学生打造成为称职的法律专业人才。

为此，高校在法学专业教学中可以借鉴发达国家的人才培养路径，尝试实行六年制法学专业人才培养模式，并在实际的落实上，采用"2+2+2+X"的模式。第一个"2"即为法学核心专业知识以及本校特色法学知识。第二个"2"即为通识性知识，包括法治人文知识、科学知识等。在这两年中，学校负责学生的教育工作。第三个"2"是指法律职业技能教育，包括一年半的职业实践以及半年的职业技能理论学习。在学生接受这部分法学实践教育的过程中，实施教育的主体分别为律师学院、检察官学院、法官学院等。"X"是指学生可以结合个人的兴趣选择相应的与法学专业相关的选修课程。通过构建六年制法学专业授课模式，教师可以让学生掌握更为多元的法学知识，包括专业知识、通识知识、实践知识以及选修知识，真正丰富他们的法学知识结构，增强学生的综合实践能力，提升他们的法学职业化水平。

（三）借助"外部"力量构建交流平台，强化法学专业师生的职业素养

在借助"外部"力量构建交流平台的过程中，笔者主要从以下三种交流方式入手介绍以交流为学习途径的新法学教学方式，以增强师生的职业素养，如图5-6所示。

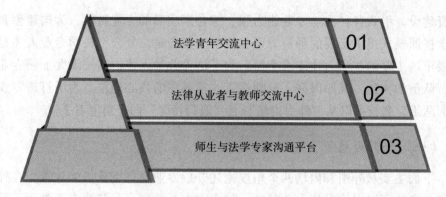

图5-6 "外部"力量式交流平台

1.构建法学青年交流中心

通过构建法学青年交流中心，高校可以为在校法学专业学生与已经入职的此专业学生提供面对面的交流方式。一方面让在校生通过与学长、学姐交流的方式了解未来该专业的工作，尤其是解决他们在本专业学习过程中的困惑；另一方面可以让学长、学姐结合实际的法律案件与在校学生进行深入探讨，夯实在校学生的理论知识，并从实际工作入手开展针对性讨论，培养在校学生在法学知识方面的专业性，为他们更好地走上未来的职业道路提供基础性的认知。

2.构建法律从业者与教师交流中心

高校为了增强法学专业教学的职业性，可以通过构建法律从业者与教师交流中心，让法学专业教师通过与法律从业者进行全面沟通的形式了解法律职业的工作环境、对从业者的职业要求，并调整法学专业授课的内容、形式，增强法学理论教学的职业性。

3.以密集型课程为形式搭建师生与法学专家沟通平台

在现阶段创新法学教育的过程中，高校将重点放在引入客座教授的授课形式上，这种方式的弊端在于客座教授无法在一节课的时间中讲授所有的实务经验以及教学案例，导致整体的法学专业授课效果不理想。针对这种状况，高校引入密集型课程形式，有效解决了客座教授无法在短时间内讲解法学案例的状况，即客座教授可以合理安排案例和实务内容，并将其发送给师生，让师生在课下提前探究这些内容，并在课堂上与客座教授进行有针对性的法律案例探讨，最大限度地提升师生与客座教授的交流面，促进师生增强法学专业职业化能力。

三、立足途径多元化，为提升法学教学创新能力提供师资力量

在进行法学专业教育路径的创新过程中，各大高校可以通过多种途径加强

师资建设，引入各种法学专业能力强、综合素质高的专业教师，为构建创新性法学授课模式提供必要的师资力量。值得注意的是，复合型法学专业人才是现阶段市场主要的法学人才需求类型。为了培养此种人才，高校需要加强专业化师资队伍的构建，其原因在于教师在人才培养中的核心地位。为了打造专业化师资队伍，高校可以从"外引内培"与"兼聘特聘"两个角度着手。

（一）外引内培

下面主要从外引和内培两个角度论述开展专业化师资队伍的建设。在外引方面，高校可以引进其他专业教师，如金融专业教师、新能源专业教师，并组建专业教师与法学教师教研室，推动师资队伍建设，构建以法学专业为核心、其他专业为辅助的复合型法学专业人才培养方案。在内培方面，高校一方面可以鼓励本校法学专业教师以及其他专业教师进行学历的深造，另一方面可以让本校优势专业教师以及法学教师通过挂点、挂职锻炼的形式获得专业实操能力的提升，在增强本校专业课程优势的同时，提高法学教学的深度，为后续进行"法学专业＋其他专业"师资队伍建设提供强有力的人力资源支撑。

（二）兼聘特聘

在进行兼聘特聘的过程中，高校可以开展不同形式的聘任计划，最大限度地吸纳优质法学专业教师，优化本校的法学专业师资队伍，为增强本专业的实际创新能力提供必要的师资前提条件。这里主要介绍两种常见的兼聘、特聘教师计划，旨在为高校师资力量的提升以及师资结构的优化提供借鉴。

1. 在兼聘中开展"百人计划"

在进行法学专业教师的兼聘过程中，高校可以开展"百人计划"，真正将法学专业中的领军人物、青年杰出人才引至本校的师资队伍中，促进法学专业综合教学水平的提升，为本专业创新性教学活动的开展提供必要的师资力量。

（1）领军法学专业人才招聘。在领军法学专业人才的招聘过程中，高校可以设定以下标准：第一，引入学风正派、师德高尚的法学教师；第二，以具备较强的法学专业科研能力、扎实的法学专业知识以及前瞻性的法学视野为重要应聘条件。

（2）杰出法学专业人才招聘。在杰出法学专业人才的招聘过程中，高校可以设定以下标准：第一，招聘的教师需要具备较高的法学素养，对法学专业前沿问题有独到的见解，具有较强的创造性思维；第二，招聘的教师需要具有较高的法学专业素养，如有获得法学教学专家认可的原创性科研成果，还需要有较高级别的职称，如在科研所获得副高级别以上的职称。

2. 在特聘中落实"强基计划"

通过在特聘中落实"强基计划"，高校可以结合法学教学实际引入补充法学专业缺陷的教师，真正让这部分教师对现阶段的法学教学提供相应的看法和建议，推动法学教育的创新。

（1）引入骨干型法学教师。高校需要了解本校在法学专业教学中的优势和不足，并结合突出性问题引入骨干型法学教师，以便解决这些突出问题，推动法学专业教学的创新性发展。

（2）引入专业型法学教师。高校教师在进行专业型法学教师的招聘过程中，需要注意以下两点：第一，应聘的法学专业教师既要具有较强的教学创新思维和能力，又需取得相应的教学科研成果；第二，应聘的法学专业教师需要取得法学专业教学高级职称以及博士学位。

四、立足市场发展，打造法学精英人才培养新模式

为了满足法律人才市场中的多种需求，高校可以实行精英化的法学人才培养新模式，通过知识结构多元、教学方法多样的法学教学新途径，打造"能力强、视野宽、素质高、基础厚"的法学专业精英人才，推动我国依法治国的进程。具体而言，高校法学专业教师可以借鉴以下的途径。

（一）以"道器一体、专能两翼"为方向，培养全能型法学人才

在培养全能型法学专业精英人才的过程中，高校教师需要树立正确的教学理念，以"道器一体、专能两翼"为指导方向。

1. 以"道器一体"为导向，打造理实兼备的综合型法学人才

具体而言，在"道器一体"的"道"的理念运用中，教师既要夯实法学专业学生的理论知识基础，如法学专业的基础素养、理论以及知识，又要让学生在理论知识的学习中形成崇高的职业素养，懂得敬畏职业，在工作和学习中做到精益求精，挖掘、发展法学专业理论中的优质精神内涵，促进学生综合素质的提升。在"器"的理念运用中，教师可以结合学生的实际法学专业学习基础，采取多种教学形式，如案例教学法等，让学生掌握具有法学专业特性的逻辑思维方式，并将这种思维方式运用在学习以及日后的实习中，促进法学专业理性思维的形成，为以后创造性思维的构建打下基本逻辑基础。总之，在运用"道

器一体"的教学理念中，教师应坚决避免两种极端法学专业教学理念的产生，即坐而论道、重实践轻理论，而是真正将理论教学与实践教学进行有机融合，将学生打造成为理实兼备的综合型法学人才。

2. 以"专能两翼"为导向，打造一专多能的全方位法学人才

"专能两翼"中的"专"是指学生的法学专业。在法学专业的教学过程中，教师不仅需要引导他们打下坚实的专业基础，如扎实的法学专业理论知识、严谨的法学思维等，而且要有明确构建方向的法学专业知识教学体系，让学生的法学综合学习能力得到强化。"能"是指学生的其他专业。除了进行法学专业的学习外，学生还应该学习其他专业的知识，在拓展个人视野、优化个人逻辑思维的同时，真正实现法学专业知识与其他学科知识的有效融合，增强个人在未来人才市场中的竞争能力，向一专多能的全方位法学人才发展。总之，基于"专能两翼"的理念，教师既要让学生掌握专业的法学知识，又需适时地拓展学生的学科视野，即进行其他学科知识的渗透，如金融知识等，拓宽学生的知识广度，提高他们在未来人才市场中的综合竞争力，真正将学生打造成为一专多能的全方位法学人才。

（二）立足法律职业教育方向，培养法学专业精英人才

在法律职业教育方向的设定过程中，高校法学专业教师不仅需要结合法律人才市场要求，而且需要立足法律职业教育方向，灵活开展多种法学专业授课形式，真正让学生在具体的实践过程中掌握相应的法学专业技能，促进法学专业精英人才的形成。下面，笔者着重从法学专业职业教育方向以及法学专业精英人才的培养两个角度进行介绍。

1. 法学专业职业教育方向

在实际的法律职业教育方向教学中，高校法学专业教师可以从对学生的知识要求、能力要求以及素质要求三个角度入手。

在知识要求方面，教师不仅要让学生掌握法学基本知识、基础理论以及其他法学学科专业知识，还要让学生掌握与法学专业相适应的通识课程、工程知识、管理知识，真正将他们打造成为复合型卓越法律人才。

在能力要求方面，教师在教学的过程中需要培养学生四种能力。第一，对法律案件分析的独立思考能力和逻辑思维能力。第二，运用法学理论解决实际问题的能力。第三，运用法学思维进行基本法律文书的书写和表达能力。第四，较强的文献搜索、查询以及运用能力。除此之外，学生需要具有较强的团队协作能力以及创新能力。

在素质要求方面，教师既要培养学生良好的职业道德修养和法治精神，又要培养他们良好的心理素质，让他们对自身有科学、全面的评价。

2.法学专业精英人才的培养

通过进行法学专业精英人才的培养，法学院一方面可以提升本院的综合教学能力，另一方面可以增强法学院学生的综合法学水平，增强他们在人才市场中的竞争优势，促进法学院教学的良性发展。为了达到此种目的，法学专业教师可以尝试从图 5-7 所示的三方面内容入手。

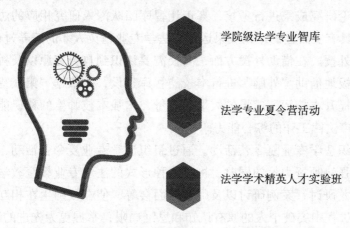

学院级法学专业智库

法学专业夏令营活动

法学学术精英人才实验班

图 5-7　法学专业精英人才的培养策略

（1）构建学院级法学专业智库。高校可以结合本校的实际真正实行"走出去"战略，构建学院级法学专业智库，增强在校师生的综合科研能力，构建具有学术性和实效性的人才培养新模式。在实际的执行过程中，高校法学专业教师可以借鉴以下两种方式。

①练好内功。在进行本校法学专业智库建设过程中，高校教师需要以现阶段社会发展为导向，以推动依法治国进程、服务现阶段的经济建设为目标，充分整合校内外资源，打造一批高水平的师生智库团队，深入研究与法学专业相关的理论与实践问题，并将研究成果运用在实际生活中，提高在校师生的专业能力，为学生更好地适应未来的职业道路提供必要的技能基础。具体而言，高校可以着重从智库构建、司法文明协同创新中心智库建设两个角度入手。第一，智库构建。在智库的构建过程中，高校需要依据相应的法律法规构建智库研究团队。具体来说，首先，加大对学校整体智库的建设，构建相应的激励机制，使智库团队结合实际，深入研究法学专业相应的理论与实践问题，促进智库研究内容的完善。其次，加强智库团队建设，一方面选择专业性强的智库团队负

责人，另一方面设计相应的智库团队建设方案，真正将法学专业智库建设落到实处。第二，司法文明协同创新中心智库建设。在司法文明协同创新中心智库建设中，高校需要将此智库作为本校的拳头产品，并以此作为精英人才培养的试验场。在实际的执行过程中，高校可以从以下两点入手：首先，在建设思路方面，高校可以以中心智库研究成果为基础，借助智库团队的力量（其中包括高校教师以及在校学生），提升中心咨询服务能力，积极向国家提出在司法文明建设以及法治建设方面的建议；其次，在考核方面，高校可以对智库团队的法学专业理论研究成果进行考核，真正让智库团队深入研究相应的法学专业理论，将这些具有实践性的理论成果运用在法学专业精英人才的培养过程中。

②借助外援。在借助外援方面，高校需要认识到自身资源以及科研能力的局限性，积极地借助"外脑"进行本校的智库建设，并依据"集众智"为我所用的原则，提升本校智库成果的数量和质量，增强本校师生的科研能力，提高学生未来从事法律工作的综合能力。

（2）组织法学专业夏令营活动。通过组织法学专业夏令营活动，高校可以在借助本校强势师资力量的同时，构建多种形式的法学专业教育教学活动，如进行学术沙龙研讨、案例研讨以及师生见面会等，使在校师生在相互探讨法学专业问题的过程中突破个人的原有认知和思维局限，掌握更为先进的法学理念，促进学生法学专业素养的形成。

（3）开展法学学术精英人才实验班。通过法学学术精英人才实验班的建设，高校能够培养一批具有浓厚法学学习兴趣、理论扎实、学术研究能力强的精英，满足高端法律人才市场的需要，并以此为试点，进行相应的法学教学方式的创新和普及，促进整体法学教学质量的提升。在实际的实验班人才培养过程中，高校可以从以下几方面执行。

①学生的选拔。在选拔学生的过程中，高校教师可以从本校强势专业入手，选拔法学专业基础扎实、具备较强思辨能力、知识结构多元的法学专业学生。

②教师教学制度构建。在教师教学制度的构建过程中，高校可以实行学术导师制，即在每个实验班中配备特聘导师和专业导师，让学生在导师的指导下学习前瞻性的法学知识并养成严谨的逻辑思维。

③教学方案的制定。在教学方案的制定方面，高校需要注意以下两点：第一，在培养学生学术研究能力的同时，拓展他们的学术视野；第二，在法学专业课程设置上，注重开展多种形式的法学课程，如法学研究方法、法学理论专业研讨等，增强学生的专业性。

第六章 以司法公正观为指导落实法学教学创新措施

第一节 以司法公正观为指导开展法学教学创新的必要性

一、以司法公正观为重要观念的必要性

（一）彰显社会主义核心价值观的内涵

1.司法公正观蕴含于社会主义核心价值观中

司法公正观与社会主义核心价值观之间是部分与整体的关系。司法公正观在一定程度上可以体现社会主义核心价值观的重要内容，具体体现在以下两点。

（1）司法在法律层面实现社会公正。司法是人类社会文明发展到一定阶段的产物。司法的作用是在维护社会秩序的同时，约束人们的行为，维护人们的权益。司法公正的本质是维护社会正义，即人们依照相应的法律内容维护个人的实际权益，消除特权主义和阶级化思维，实现社会的公平正义，在人人平等的基础上，更为公正地维护公民的合法权益。

（2）社会公正依存于司法公正中。约束人们行为的方式有两种，第一种是道德约束，第二种是法律约束。道德约束不具有强制性，法律约束具有强制性。这也说明，维护社会公正的底线是法律，即司法公正。由此可见，社会公正依存于司法公正中，并对整个社会的稳定起着重要的作用。

2.司法公正观是推行社会主义核心价值观的助力源

社会主义核心价值观属于道德层面，不具有强制性；司法公正观属于法律层面，具有强制性和执行力。通过司法公正观的宣传，高校教师可以让学生通过各种法律案件了解法律面前人人平等的道理，让他们以理解司法公正观的方

式，加深对社会主义核心价值观的理解。由此可见，司法公正观是推行社会主义核心价值观的助力源。

（二）实现立德树人教学目标的题中之义

1.司法公正观是立德树人的重要体现

司法公正观是立德树人的重要体现，主要包含两方面的内容。第一，司法公正观属于价值观范畴，属于立德树人中的一部分，即属于更高水平的立德树人形式。第二，立德树人与司法公正观均着眼于学生的未来。立德树人的最终目的是让学生具有较高的思想道德境界，更好地适应未来社会发展中的人才需求。司法公正观着眼于学生未来的职业定位。由此可见，两者在一定程度上立足于学生的未来。通过司法公正观的培养，教师可以让学生树立服务社会、建设国家的正确价值观，最终实现立德树人的目的。

2.立德树人涵盖司法公正观

立德树人中的"德"，从宽泛的角度而言，即社会约定成俗的价值观；从具体的角度而言，即人们从事某种职业所具备的职业操守；从法学专业的角度而言，应为学生在未来工作中的职业操守，即职业之德。为此，在法学专业授课过程中，教师可以结合司法应用的条件，有针对性地进行"职业之德"的讲解，促进学生司法公正观的形成和确立。

（三）高校是传播司法公正观念的主体

高校是进行育人工作的重要场所，承担着培养学生正确价值观的重要使命。司法公正观是一种特殊的职业观念，是法学专业教师必须向学生讲授的观念之一。这种观念的形成不是一蹴而就的，而是要经过长期的训练。高校是培养学生司法公正观念的重要场所，有培养学生司法公正观念的权利和义务。

1.高校有权利对法学专业的学生进行司法公正观的培养

学校是教书育人的重要场所，是对学生进行价值观塑造的重要场所。因此，高校应成为塑造学生价值观的重要基地。为此，在进行法学教学过程中，高校以及法学专业的教师有权利对学生进行司法公正观的培养。

2.高校有义务对法学专业的学生进行司法公正观的培养

《中华人民共和国高等教育法》规定，高等教育的任务是培养具有社会责任感、创新精神和实践能力的高级专门人才，发展科学技术文化，促进社会主义现代化建设。高校是对学生进行高等教育的重要场所，有义务对学生进行正确价值观的塑造。具体而言，司法公正观是价值观的重要组成部分，因而高校在开展育人工作的过程中需要结合实际的案例有机地进行司法公正观的渗透。与此同时，司法公正观是法学专业学生必须具备的法学素养之一。为此，法学专业教师在进行司法教学过程中，有义务对学生进行司法公正观的培养。

（四）具有中国特色的司法公正观

司法公正观具有中国特色的原因包括以下三点：首先，它是马克思主义司法公正观中国化的特有产物；其次，它是中国共产党提出的具有明显时代特色的司法价值理念；最后，它汲取了中国传统文化的优秀成分，如公平正义、童叟无欺等。

二、以法学专业学生为司法公正观培养对象的必要性

（一）法学专业学生是依法治国推动者

1.法治国家的构建离不开法治人才

在进行依法治国的过程中，国家需要法学专业人才在社会生产的各个环节推动我国法治进程。为了构建法治国家，我国需要大量高素质的法学专业人才。

2.法治人才的培养离不开高校教育

高校是培养法学专业人才的重要场所。为了推动我国法治进程，高校需要向国家提供高素质的法学专业人才，其中培养学生的司法公正观念是必不可少的教学部分。

（二）法学专业学生是法律职业的后备军

法学专业学生是法律职业的后备军主要体现在以下几点，如图 6-1 所示。

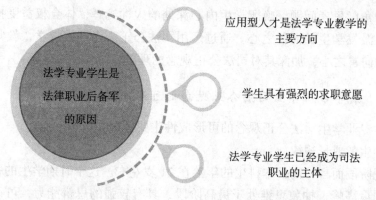

图6-1 法学专业学生是法律职业后备军的原因

1.应用型人才是法学专业教学的主要方向

在法学教学过程中,教师除了关注夯实学生的专业理论知识基础外,更为注重培养学生的实践能力,尤其是综合运用法学理论知识和思维的能力,让学生在未来的法律人才市场中处于优势地位。

2.学生具有强烈的求职意愿

通过和法学专业学生交流,笔者发现大部分学生选择法学专业的动机是伸张正义,体现个人的价值。毕业时,大部分学生渴望通过谋求法律岗位来最大限度地运用法律知识,从而实现个人的人生价值。

3.法学专业学生已经成为司法职业的主体

在法律专业岗位中,笔者通过调查发现,法学专业学生在新任的岗位中占七成,这说明法学专业学生已经成为司法职业的主体。

(三)法学专业学生是司法公正观念的践行者

司法的公正性是与生俱来的,是社会关系复杂化的产物。人们相信司法的原因在于,司法可以最大限度地伸张正义,维护人们的切身利益。法学专业学生是未来从事法律工作的主要力量,是伸张正义的主体,是司法公正观念的重要践行者。

三、培养法学专业学生司法公正观念的必然性

(一)司法公正观念的可培育性

司法公正观念的可培育性在于人的可教育性。司法公正观念的本质是实现公平。在实现公平的过程中,学生可以站在他人的角度思考问题,如站在权益受损方的角度思考问题,唤醒学生内心深处的人性光辉,体会权益受损者的心理活动,激发学生的向善之心。通过运用司法公正观念开展教学,教师可以唤醒学生的向善之心,加深其对司法公正观念的理解。

(二)法学专业学生司法公正观念的可形成性

法学专业学生司法公正观念的可形成性主要体现在以下三点。

1.学生的成长规律

就现阶段而言,高校本科生的年龄在21岁左右。这个时期学生的智力水平已经达到最高峰,抽象思维处于最高阶段,具有较强的思辨能力,可以最大限度地理解司法公正观念的内涵。

2.学生的性格特点

这一时期，学生的性格尚未稳定，受社会影响相对较小，思想并不成熟，乐于接受新事物。这时对学生进行司法公正观念的培养，可以有效地让学生在底层思维中形成司法公正观念，因此我们要牢牢把握学生思想形成的黄金期、"灌浆期"。

3.法学学习动机性强

法学专业学生学习动机性强的原因有以下两点。第一，学生的学习兴趣强烈。出现这种状况的原因在于他们在法学学习中常常出现各种问题，从而激发了他们的学习兴趣。第二，学生具有明确的司法就业方向。他们在目标的引导下更为积极地投入法学专业学习中。为此，在进行法学专业司法公正观的授课中，教师可以利用学生法学学习动机性强的特点，采用多样的授课形式，让学生在与教师的积极互动中加深对司法公正观念的理解，使他们形成正确的司法观。

（三）高校培养法学专业学生司法公正观念的条件

在学生司法公正观念形成的过程中，高校教育的作用主要凸显在以下两个方面。第一，高校的教育引导促进学生司法公正观念的形成。学生观念的形成体现在"信息"到"观念"，再到"价值"，最后到"行为"的整个过程中。在这个过程中，学校的教育引导是其中的关键。法学专业学生司法公正观念的形成也遵循同样的规律，也离不开学校教育的引导。第二，对学生观念产生重要影响的是学校教育。在法学专业学生获取法学知识的渠道中，学校教育、校园氛围的营造占有很大比重，这说明学生司法公正观念的形成与学校教育有着密切的联系。

与此同时，高校教育发挥着正本清源的作用，促进了学生司法公正观念的巩固。通过教育，学生可以主动地观察、思考、判断以及实践，理解、运用新知识，并逐步形成一种个人的思维和行为习惯。在法学专业的授课过程中，教师通过让学生经历上述教育的过程，使其通过思考与实践相结合的方式，加深对司法公正观念的认知，并将其牢固根植在个人头脑中。下面，笔者主要从教育资源、教学资源以及组织资源三个角度论述高校培养法学专业学生司法公正观念的条件。

1.教育资源优势

高校的教育资源优势体现在以下两点。第一，学科之间的相互渗透性。这里的学科渗透性主要体现为法学专业课程与思政课程之间的相互渗透性。第二，法学专业课程资源的丰富性。教师可以以司法公正观念为教学目标，搜集相关的案例，开展相应的司法授课，促进学生司法公正观念的形成。

（1）在思政课中渗透司法公正观念。思政课程是一门育人性的课程。在开展思政教学过程中，高校教师可以运用思政课程的育人特性，渗透司法公正观念，让学生在实际的思政学习中更为正确地理解司法公正观念的内涵。在实际的思政教学过程中，高校教师可以从理想信念、立德树人以及价值观三个角度入手。

①理想信念。在塑造理想信念的过程中，教师应注重立足思政课堂从多个角度入手诠释司法公正观念的含义，如阐明司法公正观念的受益者是谁，为什么要保证司法的公正性，让学生在思政课的学习中从更多的维度入手加深对司法公正观念的理解，并在此过程中以司法公正观念的理解为切入点，树立科学的理想信念。

②立德树人。在立德树人的教学过程中，教师需引导学生树立正确的品行观、道德观，包括司法公正观念，并将这种观念渗透到学生个人的生活、工作中，促进他们思想境界的提升，让学生在思政课的学习中以公正为价值准则，指导个人的行为，为他们在未来的法律工作中提供正确的认知基础。

③价值观。通过开展思政课程，教师可以引入多种社会情景，让学生融入其中，进行多维度的辩证思考，增强他们思维的批判性和灵活性。在此过程中，高校教师可以将司法公正观念融入思政课程中，让学生更为辩证地看待司法公正观念，使他们在多角度的思考过程中形成正确的价值观。

（2）在法学课中渗透司法公正观念。

①在解读司法条例中渗透司法公正观念。在对司法条例解读的过程中，高校法学专业教师可以引入相应的案例，让学生通过活生生的案例更为深入地解读司法条例，感受条例设定的公正性、公平性，让学生在潜移默化中逐渐形成司法公正观念。

②在培育法治理念中渗透司法公正观念。在进行法治理念的培育过程中，高校教师需要加强对学生法治精神的塑造，让他们理解法学的价值和灵魂，真正在法学学习过程中懂得敬畏职业，并将这种敬畏与司法公正观念进行融合，在未来的法律工作中渗透司法公正观念，真正践行司法为公、为民的思想。

③在法学课程教学中渗透司法公正观念。在法学课程教学中，教师可以从教学内容以及课程安排两方面渗透司法公正理念。在教学内容方面，法学专业教师可以从权利与义务、法律行为与后果角度入手，让学生在理解上述内容的过程中逐渐形成司法公正观念。在课程安排方面，高校法学专业教师可以引入

法律职业伦理课程，并重点讲授司法公正内容，渗透相应的案例，让学生在形象化的案例解读中逐步形成司法公正观念。

2.教学资源优势

在进行司法公正观念的渗透过程中，高校教师可以从多个角度入手，探究教学资源与司法公正观念的融合点，并在此基础上让学生从不同的知识场景学习中获得对司法公正观念的正确认知。对于教学资源优势，笔者首先运用图6-2进行简介，并在下面进行详细论述。

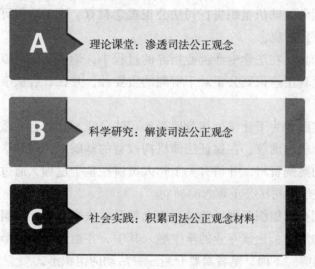

图6-2　教学资源优势

（1）在理论课堂上渗透司法公正观念。在进行理论课程的布置过程中，教师可以借助"互联网＋"引入多种与司法公正观念相关的生活化的案例，让学生在案例分析的过程中更为直观地认知司法公正观念的体现形式，并将这种观念运用在日后的法学学习、工作中，从而发挥理论教学的积极作用。

（2）在科学研究中解读司法公正观念。在科学研究过程中，高校法学专业教师可以适当将注意力放在司法公正观念的解读上，并与本专业其他教师展开深度探讨，从不同的维度解读司法公正观念，如法律法规、国家方针政策的制定等，并将研究的结果运用在课堂实践中，让学生从不同的视角解读司法公正观念，拓展他们对司法公正观念的认知维度。

（3）在社会实践中积累司法公正观念材料。除了进行理论教学和科研外，高校法学专业教师可以投身到社会实践过程中，尤其是与法律相关的社会实践中，积累一手的法学教学材料，并在其中搜集与司法公正观念相关的材料。更为重要的是，教师在实际的法学专业授课过程中可以有意识地运用这些材料，将个人的亲身体验融入课堂司法公正观念的讲解中，让学生真正听到"有血有肉"的案例，提升其对司法公正观念的认知水平。

3. 组织资源优势

笔者主要介绍两类组织资源优势：第一类组织资源是学工队伍，第二类组织资源是学生社团。在实际的两类组织资源运用过程中，高校可以借鉴以下的思路。

（1）利用学工队伍组织进行司法公正观念教育。学工队伍可以从以下角度入手渗透司法公正观念。

①就业指导。在法学专业就业指导的过程中，学工队伍可以渗透司法公正观念，让学生真正意识到公正对于审判的重要性，并在日后从事法律工作的过程中做到公正严明。

②社会实践。为了让学生切身感受到司法公正观念教育的重要性，学工队伍可以与法律机构商议，在保证法律机构权益的基础上，向其借阅关于体现司法公正观念的案例资料，并请有关工作人员讲授整个过程，通过专业人员的案例讲解，促进学生司法公正观念的确立。

（2）运用社团组织开展司法公正观念教育。法学专业社团组织可以通过开展多种形式的活动，让该专业的学生融入其中，并通过活动的形式加深对司法公正观念的理解。下面，笔者简要介绍三种活动的组织形式。

①模拟法庭。在模拟法庭的社团活动中，社团负责人可以选择包含司法公正观念的案件，组织其他成员进行案件分析、角色扮演、法律文书准备等，并开展仲裁或审判，调动学生法学学习的能动性，让他们获得法学专业经验的积累、实际能力的锻炼，促进学生司法公正观念的形成。

②断案高手活动。在开展断案高手活动中，社团负责人可以播放与司法公正观念相关的案件视频材料，让学生扮演断案高手的角色，在观看案件的过程中分析其中体现此种观念的关键信息点，并结合法学逻辑进行合理推理，实现正确法学观念以及法学思维的双塑造。

③法治宣传活动。社团可以在每年的 12 月 4 日国家宪法日开展普法宣传活动，尤其是着重宣传涉及司法公正观念的案件，组织学生分析这些案件，让法学专业学生在讨论、交流中加深对司法公正观念的认知。

四、强化培养法学专业学生司法公正观念的现实意义

（一）司法公正观念的培养有利于群众直观感受司法公平

在每个司法案件的审判过程中，司法执法人员以及相关部门需要实时地展示案件的审判过程以及结果，在维护好人民群众权益和感情的基础上，站在人民群众的立场处理相应的案件，让人民群众直观感受法律审判案件的公正性。通过培养司法公正观念，学生可以在未来工作的各个环节渗透司法公正观念，站在人民群众的角度展示司法审判过程的公正性，让他们更为直观地感受司法的公正性，使他们更加守法、信法和服法。

（二）学生司法公正观念的培养有利于提升全民法治素质

学生是践行司法公正观念的主体，将在未来的工作中落实司法公正观念，对于一些违法行为进行公正处理，可以更好地发挥法律在价值观方面的引导作用，让人们在了解案件的过程中，感受到司法的公正性，使他们自觉约束个人的行为和思想，促进全民法治素养的提升。

（三）学生司法公正观念的培养有利于构建公平正义的秩序

人们只有感受到司法的公正性才能更为积极地遵守相应的法律法规，维护现有的社会秩序，促进社会主义和谐社会的构建，打造公平正义的社会秩序。高校法学专业学生是未来法律法规的践行者，培养学生司法公正观念有利于他们在未来的工作中严格运用法律，并与人们自觉遵守法律进行有机结合，构建公平正义的社会秩序。

第二节　将司法公正观融入教学改革的目标与原则

目标是原则落实的最终目的，原则是目标实现的重要依据。在本部分内容的论述中，笔者首先介绍将司法公正观融入教学改革的目标，然后阐述将司法公正观融入教学改革的原则。

一、将司法公正观融入教学改革的目标

（一）认知目标

1. 运用多种知识明确各种事理，促进司法公正观念落实

为了促进司法公正观念的落实，学生除了要学习法学专业知识外，还需要具有广博的知识，以便运用这些知识更好地厘清情理、事理以及法律之间的关系，即通情理的前提是懂事理，懂法理的前提是晓情理。学生只有在运用多种知识明确各种事理的基础上，才能对法律案件有一个清晰的理解和诠释，从而更为科学地运用法律做出公正的判断，促进司法公正观念的落实。

2. 运用司法公正观念，落实为民担当正义守护的重任

在法学专业授课过程中，教师一方面需要让学生明确司法最终的目的，即为人民谋福利，另一方面需要让学生思考为人民谋福利的方法，即坚持司法公正观念，解决人民在社会中的各种纷争，成为为民担当公平正义使命的"守护神"。

（二）观念目标

1. 实体公正

实体公正的本质是让权益受损方"得其应得"，实现实质性的正义。在落实司法公正观念时，作为未来的执法人员，学生需要综合运用法律合理判定案件的来龙去脉，确定当事人的责权范围，并结合具体的法律条例，更为公正地维护权益受损方的利益。

2. 程序公正

程序公正的意义有以下两点：第一，促进实体公正的实现；第二，避免公权越界侵犯私权。为此，教师在法学专业授课中需要通过多种方式让学生更为全面、科学地掌握法律审判的整个程序，并以司法公正观念为着力点感受程序的公正性。在具体的实现程序公正的过程中，教师应要求学生做到以下三点：首先，以法律为依据进行相应案件的分析，不偏袒任何一方；其次，平等、客观地对待他人，避免发生歧视他人的事情；最后，综合考虑各个相关因素，坚决避免判断的主观化。

3. 感受公正

司法公正是可以被感知的。为了让人民感受公正，法学专业教师在教学中需要培养学生换位思考意识，让他们真正站在群众的立场思考问题，即思考如何让人民感受公正的方法。与此同时，教师可以引导学生思考促进司法工作人

员与人民群众沟通的方式，如网上交流，实现两者的有效沟通，在满足人民群众知情权的同时，让他们感受到公正。

（三）行为目标

1. 知行合一与结合认知

（1）知行合一。在进行法学专业的授课过程中，高校教师既要让学生将司法观念内化于心，又要让他们将这种内化于心的观念转化成实际行动，落实在实际的法学专业学习和未来的工作中，真正做到知行合一。

（2）结合认知。高校法学专业教师在教学过程中应让学生树立正确的司法公正观念，在正确观念的作用下，结合实际法学案例，进行精准的案件分析和审理，在充分维护各个利益主体权益的基础上实现高效的案件审判。

2. 审慎行事与权衡判断

（1）审慎行事。就司法程序而言，审慎行事是指法律从业人员在案件的审理过程中经过仔细的推敲和审核，保证司法的公正性。因此，在日常的法学专业授课过程中，教师既要在培养学生行为习惯上注重让他们慎思谨言，又要在培养学生的思维方式上注意让他们逻辑严谨缜密，使学生逐渐养成审慎行事的良好习惯。

（2）权衡判断。权衡判断的最终目的是法律从业人员结合法律进行针对性审判，维护大多数人的权益。在此过程中，法律从业者需要进行全盘考虑，要考虑各个涉事主体利益的分配与选择，以实现最大限度的公平。因此，在日常的法学教学过程中，教师需要有意识地培养学生在利益方面的权衡能力，以及在价值上的选择和判断能力，旨在提升他们综合运用司法公正观念的能力。

3. 思维能力、说理能力与捍卫司法公正能力

在实现法学教学目标的过程中，教师除了要注重培养学生正确的法学学习观念，比如慎行观念、权衡意识外，更要注重培养他们的思维能力、说理能力与捍卫司法公正能力（图6-3）。

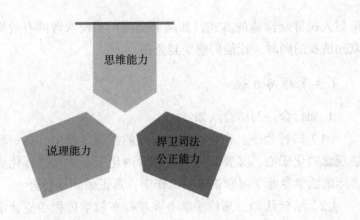

图6-3　培养学生的主要能力

（1）思维能力。思维能力是逻辑推理能力。在处理法律事务时，法律从业者运用正确的逻辑推理是实现司法公正的前提。正确的逻辑推理是指法律从业者进行以下的逻辑推理过程：首先，分析判断多种因素，包括当事人的具体情况、社会实情、案件事实；其次，做出正确判断，并对纷繁复杂的材料进行去粗取精、有效联系以及正确演绎事情经过；最后，制裁侵害他人权利的人，保护权利受到损害的人。以上三个过程体现了司法的公正性。

（2）说理能力。说理能力是一名法律从业者必须具备的能力。法律从业者在进行说理的过程中一方面要深入解读各种材料，另一方面要借助各种知识，从事理、情理和法理三个角度解析案件，并在此基础上运用法律知识进行透彻的说理，使人心服口服，让人们感受到司法的公正性。因此，在培养学生说理能力的过程中，教师有必要让学生掌握各种法学课程之外的知识，使他们运用这些知识解读案例，运用法律以及法律思维判断案件，并坚持司法公正，维护公平正义，获得他人的信服。

（3）捍卫司法公正能力。法律从业者在进行案件的审理过程中，会涉及权利与义务以及利益方面的分配。在面对这种情况时，法律从业者会受到多种压力或诱惑，如利害关系人的拉拢等，因而他们需要克服这种不良行为的影响，真正捍卫司法的公正。因此，为了培养学生捍卫司法公正的能力，教师在日常的教学过程中应有意识地培养学生抗诱惑、抗干扰以及抗压的能力，让他们真正在捍卫司法公正的过程中展示中国人的气节和高贵品格。

二、将司法公正观融入教学改革的原则

（一）时代性原则

1. 因时而进

任何价值观均是时代发展的产物，彰显着各个时代的特性。国家会根据政治以及经济发展的需要，适时调整本国在各个发展阶段的司法价值观。以美国为例，在建国初期，美国主张共同利益、公众认同、民主自由；后来，美国的价值观念发生了变化，由原先的消极司法观念，即忽视义务与责任，重视权利，转向积极司法观，即强调个人与社会并重、权利与义务平衡。这充分体现出司法价值观具有因时而进的特性。

就中国而言，司法公正观念的突出体现是"得其应得"。现阶段，司法公正观念属于中国特有的法治观念，具有明显的中国特色。司法公正观念属于社会主义核心价值观念的范畴，是马克思主义中国化的特有产物。在进行司法公正观念的渗透过程中，法学专业教师一方面需要让学生了解此时期司法公正观念的特点，另一方面需要引导他们分析司法公正观念与社会发展的契合性，并通过法学案例生活化的方式让学生加深对司法公正观念的理解，并在日后的生活、工作中践行司法公正观念，成为合格的司法工作人员。

2. 因势而新

（1）遵循思想认识的发展规律。司法公正观念属于思想认识。思想认识的产生依附于客观实践，尤其是物质生产方式。由于每个时代的生产方式不同，司法公正观念具有不同的时代特征。为此，在司法公正观念的讲解过程中，高校教师需要结合每个时代特有的法治趋势，开展有针对性的司法公正观念的教学活动。

（2）新形势背景下中国司法公正观念概况。

①新形势背景下中国司法公正观念正发生着变化。就现阶段而言，中国社会开始面临多种变化，而这些变化一方面体现在国际形势的变化，另一方面体现在国内发展的新变化。在适应上述变化的过程中，人们对于司法，尤其是司法中体现的精神有了更深层次的理解。在这种新形势下，司法公正观念同样发生着变化。

②新形势背景下中国司法公正观念的内涵。中国现阶段司法公正观念的内涵包括以下三点：首先，以习近平新时代中国特色社会主义思想为核心；其次，坚持以人为本，即司法为民的宗旨，真正在司法工作开展过程中维护人民的利

益；最后，展现司法公正的直观性，即司法工作人员需要让人民真正感受到公正正义，感受到"法律面前人人平等""司法为民、公正司法"，增强司法的威信力。

③新形势背景下中国司法公众观念变化的教学启示。高校法学专业教师需要将这种新形势下的司法公正观念以多种形式传递给学生，保证学生的司法公正观念与时俱进，使他们更好地适应时代发展的要求。在实际的司法公正观念的渗透过程中，高校教师要重视对学生思想道德的塑造，尤其是通过讲授具体的内容，让学生深刻体会新形势下司法公正观念的深刻内涵。

综上所述，在进行司法公正观念的渗透过程中，高校法学专业教师需要准确把握法学专业教学发展的脉搏，做到"因时而进""因势而新"，从现阶段时代发展趋势入手，开展有针对性的教学，让学生形成科学的司法公正观念，并在此种观念的指引下，更为深入地理解各种法学知识，促进学生综合法学素质的提高，使他们更好地适应时代发展对法学专业的要求。

（二）系统性原则

1. 立足系统性原则，增强司法公正观念的渗透性

系统性原则主要是基于哲学上的整体与部分之间的关系，即一个整体要想最大限度地发挥作用，需要各个部分之间进行优化组合，实现各个部分之间的相互融入、相互影响，最终达到整体性能的最优化。在司法公正观念的渗透过程中，高校法学专业教师需要树立整体性思维，注重处理好法学专业各个教学要素之间的关系，如法学专业教学方法、形式、内容、对象等，并在此基础上，挖掘各个要素之间的内在关系，合理渗透司法公正观念，真正从法学教学整体的角度着手进行司法公正观念的教学，让学生从法学专业的角度学习、理解和运用司法公正观念，获得司法公正观念教学效益的最大化。

2. 立足系统性原则，摆正司法公正观念的位置

（1）系统性原则中的逻辑思维。在运用系统性原则开展法学教学过程中，教师可以在日常司法公正观念的渗透过程中抓住事物发展的主要矛盾，真正做到"牵住牛鼻子"，处理好教学中的主要矛盾，促进法学专业教学质量的提升。

（2）司法公正观念在法学教学中地位。在法学专业教学过程中，教师首先需要从培养学生的正确思想意识入手，尤其是从培养司法公正观念入手，让学生真正认识到"法律面前人人平等"，并在日常的法学专业学习中、未来的工作中更为科学地践行此种观念。其次，讲授具体的法学逻辑思维。在学生树立正确的司法公正观念之后，教师可以适时地进行法学逻辑思维的渗透，如说理

能力、推理能力、证据思维等，促进学生法学逻辑思维的形成。

（三）长期性原则

1. 坚持长期性原则，遵循法学观念形成规律

（1）循环式形成司法公正观念。人的认识的形成需要一个循环往复的过程，司法公正观念的形成亦是如此。在司法公正观念的形成过程中，教师首先要让学生理解司法公正观念的内涵。其次，教师需要通过案例的讲解，让学生感受司法公正观念的直观性，促进他们对司法公正观念认知的进一步加深。再次，教师在学生对司法公正观念有了进一步认识之后，可以列举出相应的生活化案例，让学生运用司法公正观念进行分析，强化他们对这一观念的认知。从次，在后期的司法知识学习过程中，学生可能会由于多种原因，如记忆或者受到社会事件的影响，对法学公正观念有一个新的认识或者曲解。针对这种状况，法学专业教师需要适时与学生沟通，了解他们对司法公正观念理解的程度，并结合实际状况进行针对性引导，让学生对观念的理解更为扎实。最后，在日后的工作实践中，学生会通过处理各种法律案件不断强化司法公正观念，直至将这种关系融化为自身的一种习惯。由此可见，学生的司法公正观念形成需要一定的周期，也会经历循环往复的过程，这也突出展现了学生司法公正观念形成的长期性。

（2）渐进式渗透司法公正观念。渐进式渗透司法公正观念主要是指学生对这一观念的内化过程。此过程的完成一方面离不开教师的引导，另一方面离不开学生的亲身体悟。在司法公正观念的渗透过程中，教师需要遵循上述规律，并在此基础上结合理解、消化、认同、运用、内化的认识过程。具体而言，在司法公正观念的教学中，教师需要遵循由浅入深、从现象到本质、从引导分析到自主思考的原则，让学生真正在教师引导和独立思考的过程中，逐步加深对司法公正观念的认知，并在日后的生活和工作中从更为多元的角度解读司法公正观念，不断拓展学生对司法公正观念认知的深度和广度，实现渐进式的司法公正观念的渗透。

2. 坚持长期性原则，抓住教学的主要矛盾点

在进行法学司法公正观念塑造的过程中，教师需要坚持长期性原则，既要避免将教学的重点"放在一个篮子中"，集中在某一个教学点上，又要避免过于集中在教学的某一阶段。在培养司法公正观念的教学活动中，教师要抓住法学观念形成的主要矛盾，做到教学的主次分明，最大限度地提升法学价值观教

学的效益。具体而言,法学专业教师应主要从教学的阶段入手,抓住司法公正观念形成的关键期,开展法学教学,并着重从图6-4中的四个时期切入。

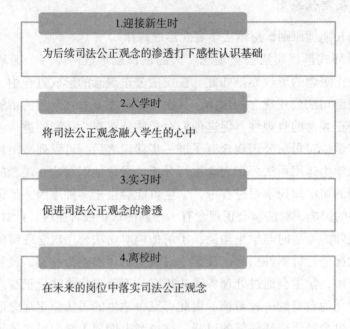

1.迎接新生时

为后续司法公正观念的渗透打下感性认识基础

2.入学时

将司法公正观念融入学生的心中

3.实习时

促进司法公正观念的渗透

4.离校时

在未来的岗位中落实司法公正观念

图6-4 强化学生司法公正观念的四个时期

(1)迎接新生是给学生留下印象的最好时机。在迎接新生的过程中,高校法学专业教师可以有意识地渗透法学观念,通过介绍法学专业中的各种器物,如我国的国徽、法袍等,并积极地与学生进行互动,让他们在和教师的交流中对法学专业有更深的认知,尤其是认识到公正、公平对法学教学的重要性,为后续司法公正观念的渗透打下感性认识基础。

(2)新生入学时是进行司法公正观念渗透的又一关键时期。在此时期,大部分法学专业学生并未真正深入理解相应的法学专业知识。为此,高校法学专业教师需要牢牢抓住这一时期,并采取合理的方式开展法学入学教育,将司法公正观念融入学生的心中。比如,在入学初期,高校法学专业教师可以开展有针对性的法学讲座。在实际讲座中,教师可以从古代到近代,再到现代等方面论述司法的公正性,如引入古代的《左传》《孟子·梁惠王上》等,让学生以历史时间轴为依据回忆、分析历史事件,逐步向学生渗透司法公正观念,紧紧抓住入学的关键时机。

(3)实习期也是进行司法公正观念渗透的关键时期。选择实习期开展司法观念渗透的原因有以下三点。第一,学生心理。在此时期,教师可以合理运用学生对实习充满期待的心理，进行有针对性的司法公正观念渗透，增强学生对这一观念的认知。第二，实习计划。在实际计划中，教师可以让学生回忆相应的课程，并分析课程案例中体现司法公正观念的事件，让他们带着这种初步认识投入实习，更具逻辑性地分析司法公正观念在法律制定、司法流程等方面的体现，促进他们司法公正观念的形成。第三，实习交流。通过实习交流，教师可以让学生跳出原有的认知，站在他人的角度思考法学问题，尤其是通过交流了解他人思考问题的内在思维逻辑，从更为多元的角度认识、提炼和分析司法公正观念，促进司法公正观念的渗透。

（4）离校时的离校教育是法学专业在校生的最后一次教育，它对学生未来的工作以及价值观的塑造具有重要的影响。在离校时，教师可以通过组织各种活动，相机进行司法观念的渗透，让学生从主观上树立司法公正观念，并在未来的岗位中落实。比如，在离校时，高校法学专业教师可以开展"践行公正法律人"的主题实践活动，安排多种形式的文艺汇演，如小品、演讲、话剧等，让学生在参与此项主题实践活动中认识到司法公正观念的重要性。

综上所述，在进行司法公正观念渗透过程中，高校法学专业教师一方面需要落实长期性原则，准确把握每一个时间节点，抓住教学中的主要矛盾，进行有针对性的司法公正观念的渗透，另一方面要秉持锲而不舍的精神，真正让司法公正观念成为学生法律职业的一束光，照亮他们未来的就业之路，实现学生的人生价值。

（四）理实性原则

1.坚持理实性原则，以哲学为依据渗透司法公正观念

（1）基于感性认识的理性认知。人在认识事物的过程中往往是先从感性的外化现象入手，通过多种感官接收相应的信息，并将感性的信息进行理性的加工，实现由感性认知向抽象认知过渡。具体而言，基于感性认识的理性认知的形成一共分为三步。首先，形成感性认知。人通过多种感官，如听觉、嗅觉、触觉等，从感性的角度汲取相应的信息。其次，开展理性加工。人们对积累的感性材料进行分类、整理和升华，即从这些感性材料中提炼出共性的认知。最后，运用理性认知。在形成理性认知后，人们可以通过实践进行再次论证，不断优化和调整现有的认知，形成科学的司法公正观。因此，在司法公正观念的渗透过程中，高校法学专业教师可以运用"感性认知＋理性分析＋验证认知"的方式。具体而言，教师除可以通过案例讲解的方式外，还可以组织学生到法律机构实习，让他们从感性的角度认识司法公正观念。然后，教师通过与学生

互动，让学生提炼出司法公正观念的关键点，从而对此种观念形成感性认知。最后，教师可以引入与司法公正观念相关的实例，让学生对这些感性材料进行推理、判断，使他们更为科学地了解、践行司法公正观念，促进学生理性认知的形成。

（2）以实践助力理论学习为方法论。在法学教学过程中，高校法学专业教师为了让学生更为直观地掌握司法公正观念，可以以实践助力理论学习为方法论，即通过讲授贴近生活的案例形式，让学生在解读这些案例的过程中充分调动个人的生活经验，更为直观地理解抽象的理论知识，即让学生从感性的层面理解司法公正观念。

总而言之，理实结合既是人类的基本认知规律，也是开展法学观念教学的重要途径。在实际的司法公正观念的讲解过程中，教师一方面要让学生理解法学理论知识，另一方面要让学生通过实践的方式对司法公正观念有新的认知，真正让学生在实践的过程中更为全面地对司法公正观念形成正确的认知，促进整体法学专业价值观教学质量的提升。

2.以理实联系为原则，开展司法公正观念教学

（1）理解理论的全面性。理解理论是开展实践的重要前提。在开展法学专业教学的过程中，教师需要让学生掌握多种多样的理论，如司法职业道德理论、社会主义核心价值观、法学理论以及政治理论等。其中，法学理论包括指导性案例、司法解释、法学基础理论、法律规范。为了科学地进行实践，学生需要深入了解上述理论知识，真正做到吃透理论，进而在实践的过程中更为科学地运用理论知识来指导实践，发挥理论对实践的指导作用。

（2）解读实际的多元性。

①实践与实际的关系。两者的不同之处：定义不同。实践是一种客观活动；实际是呈现的客观情况。两者的联系之处有两点。第一，实际是开展实践活动的基点。由此可见，实际制约实践活动的开展。第二，实际与实践在某种环境下可以相互替换。以培养学生司法公正观念为例，在进行此部分理论知识的教学过程中，教师让学生理论联系实际，一方面是让学生联系客观实际，如学生生活实际、社会生活实际、司法实际以及国家实际，另一方面让学生联系个人的实践活动，如具体的法学专业实习经历等，让学生从不同的维度理解司法公正观念。

②理解实际的层次性。笔者将理解实际的层次划分成两个维度。低维度是指学生在法学学习过程中通过联系生活案例的形式加深对司法公正观念的理解，

并在某种程度上引发情感的共鸣，降低理论知识的学习坡度。高维度是指学生将司法公正观念与具体的就业实际相结合，即从未来工作者的角度理解司法公正观念，并寻找此概念与未来工作的连接点，使得对此概念的理解更具有职业性，促进学生法学素养的形成。

③实际形式的多元性。笔者认为实际形式具有多元性，即包含多种多样的内容，如模拟实践、聆听讲座、观摩旁听、参观调研等。这也为我们选择实践方式和材料提出更高的要求。在进行实际材料的选择过程中，教师需要有针对性地选择案例。在讲授司法公正观念这个概念时，教师可以选择突出此观念的案例，注重案例呈现方式的生活化，消除学生解读材料的认知壁垒。又如，在进行实际材料的选择过程中，教师要考虑学生的专业特点，考虑他们的就业实际，选择相应的实际材料，让学生通过实际联系理论知识，为后续更为高效地理解理论、进行针对性实践奠定必要的认知和实践基础。

（3）分析联系的辩证性。笔者着重从三方面进行论述。首先，正反辩证。教师在让学生联系实际材料时既要提供正面材料，降低学生的思维维度，让他们更为直观地理解理论知识，又要向学生提供反面材料，培养学生的逆向思维，让他们更为全面地理解理论知识。其次，发展辩证。教师在让学生联系实际的过程中，可以以时间轴为分界点，介绍不同时期的材料，让学生把握实际的发展历程，并在此过程中对案例形成正确的认知。最后，联系辩证。为了让学生深入解读理论知识，教师可以引导学生充分运用联系思维，即从不同的角度拓展学生认识实际的维度，增强他们的思维内在联系。

第三节　以司法公正观为指导落实法学教学创新措施

一、以司法公正观为指导开展法学教学的主方向

（一）以司法公正观为指导在法学教学中融入核心价值观

1.司法公正观念与社会主义核心价值观的关系

司法机关的主要任务包含践行社会主义核心价值观的内容，主要体现在以下三方面：首先，实现社会和谐、文明和国家富强、民主的重要目标；其次，推进社会走向法治、公正、平等和自由；最后，促进对人的优秀品格的塑造，

即将人塑造成诚信、友善、爱国、敬业的新时代公民。

社会主义核心价值观对司法公正观念的引领作用体现在：司法人员需要深入解读社会主义核心价值观，并以此作为司法公正观念形成的主要方向，借助核心价值观的指引，更好地履行司法工作者的职责。总之，司法公正观念蕴含着社会主义核心价值观，社会主义核心价值观对司法公正观念的形成起着重要的引领作用。

2. 以社会主义核心价值观为导向培养司法公正观念

在进行司法公正观念的培养过程中，教师为了让学生更为客观、全面地理解这一观念，可以以社会主义核心价值观为导向，并引入相应的生活化案例，让学生更为直观地理解社会主义核心价值观。在学生理解社会主义核心价值观的前提下，教师可以寻找社会主义核心价值观与司法公正观念的结合点，让学生借助对社会主义核心价值观念的理解加深对司法公正观念的认知。总之，教师可以从两者的关系入手，开展司法公正观念的教学。

（二）以司法公正观为指导在法学教学中融入"三位一体"理念

"三位一体"中的"三位"是指实体公正、程序公正以及感受公正。"一体"是以学生为司法公正观念授课的对象。在本部分中，笔者主要从"三位"的角度进行论述。

1. 实体公正

（1）以事实为依据。教师在进行法学专业教学时，需要以事实为依据，即注重培养学生的证据意识，让他们从证据出发进行相应的论证或者诠释，让学生真正在未来的工作过程中立足实际，更为公正地对相应的案件进行分析。总而言之，在培养学生证据意识的过程中，教师应让学生树立"有几分证据，说几分话"的观念，使他们立足证据运用法律，实现司法的公正性。

（2）以法律为准绳。

①以法律为准绳的正确认知。以法律为准绳的正确认知包含以下三方面内容：

第一，司法是实现以法律为准绳的重要前提。其主要包括以下两点：首先，司法是彰显法律价值的重要形式，而司法机关是实现法律意志的重要机构；其次，司法是实现法律意志的方式，司法按照原有的法律规则落实"得其应得"的原则。

第二，厘清依法办案与自由裁量之间的关系。在审判过程中，自由裁量是对依法办案的补充和完善。在进行自由裁量时，司法人员需要理解事理、情理和法理，在正确解读案件的同时，更为公正地进行自由裁量，体现司法的公正性。

第三，明确以法律为准绳中"法律"的应用范围。在处理刑法的案件中，法官可以按照相应刑法条款进行裁决。在处理民事案件时，法官可以从类似的案件中寻找依据，当找不到类似案件时，往往需要结合多种因素进行裁决，如社会的道德规范等。

②以法律为准绳的科学执行。高校法学专业教师在以法律为准绳的科学执行讲解中，一方面要让学生了解案件审理的整个过程，另一方面要使他们明晰整个案件中渗透的法理。更为重要的是，教师要让学生在上述过程中深入探究其中所体现出的司法公正性，理解其中的"得其应得"规则，并将这种理解以多元的方式进行表达，增强司法的公正性。

2.程序公正

在本部分内容的论述中，笔者主要从图6-5所示的四个方面阐述程序公正，让学生在未来的法律工作中以更为多元的方式展现"得其应得"规则，彰显法律的公正性。

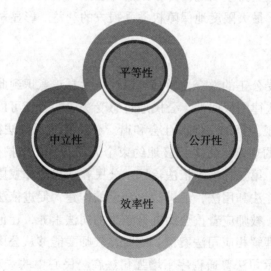

图6-5 保证程序公正的关键点

（1）平等性。程序公正中的平等性涉及以下两方面内容。①主体的平等性。我国自古提倡在法律面前人人平等，如"王子犯法与庶民同罪"，这主要体现出法律面前人人平等。②程序的平等性。不同主体之间在接受审判的过程中程序是一致的，不能因为某个人而更改现有的审判程序，这说明审判程序具有平等性。

（2）中立性。教师在进行司法公正观念的渗透过程中，一方面需要让学生懂得立场中立，即不站在原告和被告的任何一方，另一方面要让学生用证据说话，即尊重客观事实，以事实为依据进行相应案件的判决，最大限度地维护司法的公正性和权威性，通过实际行动落实程序公正。

（3）公开性。教师应培养学生"阳光下司法"的意识，即通过公开司法程序的方式，让司法人员接受人民的监督，同时让人民更为深入和全面地了解司法，增强司法的公信力，增强人们对司法公正的感受，促进"阳光下司法"的形成。

（4）效率性。在法学专业授课过程中，教师需要让学生意识到程序公正效率性的意义。首先，高效的审判有利于防止权益受损方损失的进一步扩大。其次，降低维权方的各方面成本，如时间成本、精力成本以及金钱成本。最后，维护司法的尊严。维权者假如长期得不到司法机关的回馈，极易对司法的公正性产生质疑。为此，在法学专业授课过程中，教师应注重讲解程序公正效率性的意义，让学生更为主动地提升个人的专业法律知识水平，在日后更为积极地完成各项工作，最大限度地保障权益受损方的利益，彰显司法程序公正的效率性。

3.感受公正

通过进行感受公正的教育，教师可以让学生真正意识到此种观念的重要意义。第一，增强法律的权威性。公民通过感受法律的公正可以认识到法律的威严，懂得遵守法规。第二，促进社会和谐。公民在认识到法律权威性的同时，会自觉遵循相应的规定，更为积极地约束个人的行为，维护个人的合法权益，促进社会的和谐。第三，推进依法治国。公民在认识法律权威性的同时，可以真正做到懂法、守法和用法，促进法治社会的构建，促进依法治国基本方略的顺利实施。总之，教师应着重全面提升学生的司法素养，让他们真正从公民的角度思考问题，理解相应司法案例。同时，教师要能够从公民的角度展示司法的公正性，如展示司法普通程序，增强司法在公民心中的"亲和力"，增强司法的感受公正性。

（三）以司法公正观为指导在法学教学中融入价值教育观点

在本部分内容的论述中，笔者主要从司法公正的内在价值与外在价值两个角度入手，让学生明确司法公正观念的重要性，并在日后的工作中落实司法公正观念，维护司法的公信力和权威性。

1. 内在价值

（1）影响司法人员职业前途。司法人员在日常的工作过程中需要树立高度的责任心，做到"如临深渊，如履薄冰"，对所审理的案件高度负责，真正维护司法机关的尊严，维护司法权威。因此，教师在实际的司法公正观渗透中，需要培养学生的责任意识、爱岗敬业精神，使他们在未来的工作中尽职尽责，即对个人负责，对工作负责，对法律负责，牢固树立意识，真正用个人的力量打造法律行业的良好形象。

（2）影响司法机构的权威性。司法机构是维护社会公正的主要场所，是司法公信力的重要载体。为了真正在社会中获得信赖和认同，司法机构在日常的执法过程中需要贯彻落实公正和廉洁这两个根本要求。为了保证司法机构的公正性和廉洁性，司法机构可以设置相应的监督系统，接受司法机构内部员工以及外部群众的监督，约束个人的行为，真正增强司法机构的公信力，赢得人们的支持和信赖，维护司法的尊严和权威。

总之，教师在日常的教学过程中，应注重培养学生的司法公正观，并将这种观念与学生自身的发展进行联系，即认识到司法公正观与个人未来公正的联系，真正将司法公正观念落实在未来的工作中，自觉践行和维护司法的公正性。

2. 外在价值

笔者主要从推动社会和谐的角度论述司法公正的外在价值。随着我国政治、经济、文化的发展，一方面人们的生活水平得到提升，另一方面人们又面临各种新出现的问题。此外，个人的维权意识逐渐增强。这给司法工作人员带来了巨大的挑战。针对这种状况，通过贯彻司法公正观，司法工作人员在处理各种新矛盾的同时，展示司法审判的整个程序，让公民更为直观地了解司法程序，增强司法机构的公信力。与此同时，这也有利于人们更为积极地投入学习法律的活动中，懂得运用法律维护个人的权益，约束个人的言行，推动社会的和谐。

因此，法学专业教师在教学过程中让学生意识到司法公正的重要性，让他们分析司法程序中体现的公正观念，并将整个程序以人们喜闻乐见的方式展示，可以增强人们的司法公正感受，为树立司法的权威奠定知识、思维基础。

（四）以司法公正观为指导在法学教学中融入职业道德观

通过对学生进行职业道德的培养，教师一方面可以让学生以正确的价值观引领未来的工作，为社会提供德才兼备的高素质人才，另一方面能够提升学生个人的职业素养，并使其通过深入解读职业道德精神从更为多元的角度进行法学专业课程学习，从而促进整个法学专业教学质量的提升。下面笔者对图 6-6 所示的职业道德的内容进行论述。

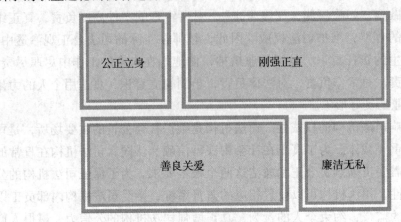

图 6-6　职业道德的四项具体内容

1. 公正立身

司法工作人员的立身之本是公正，司法工作人员的品质保证是公正的人格。在法学专业授课过程中，教师应将培养学生的公正为人、公道正直作为教学的重中之重，并有机地渗透司法公正观念，促进学生公正品格的形成。值得注意的是，司法职业道德的核心内容是公正，培养学生的公正人格也是法学专业教学的重中之重。

2. 刚强正直

具有刚强正直品质的司法工作人员可以不为钱所动，不徇私情，不畏权贵，真正在日后司法工作中挺直脊梁、站稳脚跟、铁面无私、公正裁断，展现司法的威严，捍卫社会正义。

值得注意的是，司法工作人员的这种优秀品质并不是从天而降的，而是靠自身的觉悟和后天的培养才形成的。因此，法学专业教师在授课过程中，既要通过法律案例让学生意识到司法公正观念的重要性，又要组织学生进行多种形式的司法实践，让他们自觉体悟公正观念的重要性，从教师引导和学生觉悟两个方面促进他们公正观念的形成，为后续司法工作的高效、廉洁开展打下必要的职业素养基础。

3. 善良关爱

在进行司法审判过程中，司法人员一定要善良、有爱心，不仅要爱自己的工作岗位，还要热爱人民，从他们的角度思考问题，真正关心他们的所思所想，更应维护权益受损人民的利益。

因此，在司法公正观念的培养过程中，法学专业教师要培养学生的良知，尤其是爱人之心，让学生成为心境温厚的未来司法工作人员，真正以心换心，取得人民的信任，传递个人内心的温度，彰显司法独有的善意和爱心。

4.廉洁无私

廉洁是司法工作人员具有的重要品质。廉洁的重要性主要体现在以下两点。第一，公正的基础是廉洁。在司法案件的审理过程中，司法工作人员假如存有私心，则会以权谋私，从中得利，不能公正审判相应的案件。第二，廉洁有利于得到社会的认可，增强司法的公信力。司法工作人员在进行案件的审判过程中只有保持廉洁无私，才能真正站在客观中立的立场，按照法律程序以及相应的法律进行案件的审理，真正做到以理服人，维护司法的尊严和权威，增强人们对司法的信心。为了培养学生廉洁无私的品格，在法学授课中，教师可以借鉴以下三个办法。①讲解廉洁案例。教师可以定期搜集、讲解廉洁案例，让学生在案例分析中认识到廉洁的重要性，并将廉洁这种意识落实在日后的工作过程中。②接受廉洁监督。在日常的班级管理过程中，教师可以在班级中设立廉洁监督机制，并选派廉洁维护者，监督班干部的行为，促进本班学生廉洁意识的形成。③开展自我反思。高校法学专业教师可以定期组织学生进行自我反思，可以从自我以及他人的角度反思生活中可能出现的廉洁方面的问题，思考出现这些问题的危害，从而促进学生廉洁无私品格的形成。

二、以司法公正观为指导开展法学教学的新措施

（一）挖掘高校中渗透司法公正观念的新途径

1.挖掘学院资源，培养学生司法公正观念

学院资源主要是指学院的专业教师、辅导员以及专业课程。一方面专业教师以及辅导员可以成为宣传司法公正观念的主体，另一方面学院通过重视、落实伦理课程，可以实现有效进行司法观念渗透的效果。

（1）专业教师。

①法学专业教师具有较强的培养学生司法公正观念的优势。法学专业教师培养学生司法公正观念的优势有以下两点。首先，与学生具有相同的知识背景和共同语言。从心理角度而言，具有相同知识专业背景以及共同语言的人往往更容易产生共鸣。因为法学专业的学生和教师具有相同的专业背景和共同的语言，他们在交流的过程中往往更容易产生共鸣，从而使他们针对某一法学专

业问题产生相同的看法，这也为司法公正观念的渗透创造了有利的心理认知条件。其次，法学专业教师在学生心中具有公信力。在学生的心中，法学专业教师不仅具有专业的法学知识，而且具有其他方面的通识知识，深受学生的信赖，在进行司法公正观念的授课中更容易让学生听懂，保证司法公正观念渗透的高效性。

②通过言传和身教两个途径进行司法公正观念的培养。第一，言传。在言传方面，法学专业教师以育人职责为前提，更为理性地看待司法公正观的培养，真正树立培养学生所需具有的公正观的意识。在实际的授课过程中，法学专业教师在讲解法学理论以及条文后，更需要深入解析这些理论内容中的公正内涵，通过讲授法学理论知识向学生渗透公正观念，促进他们司法公正观的形成。第二，身教。在身教方面，教师可以从信念、人品以及行为三个角度渗透公正观念，让学生在教师的引导下逐渐形成科学的司法公正观念，为他们未来从事法律工作打下坚实的认知基础。

在培养学生司法公正观念的过程中，高校教师需要树立正确的意识，即辨明和信仰中国法律，并将这种理念传递给学生，使学生在教师的引导下更为深入地解读各种政策以及法规，促进学生公正法治观念的形成。

在示范公正人品的过程中，教师需要秉持"师以身为正仪"的理念，在待人接物以及为人处世中展现个人的公正品质，向学生做出表率，让他们真正在未从事来的法律工作中做到以身作则、严于律己、正直为人，真正使学生将公正观念落实在未来的岗位中，为维护司法的尊严贡献个人的力量。

在进行公正行为的示范过程中，高校教师可以从以下两方面入手。第一，以关注社会实践的方式潜心问道，做好公正行为的示范。高校法学专业教师需要深入实践，了解实际法律工作，尤其是其中的新问题、新案件，针对其中涉及公平正义的案件向国家提出个人的见解，真正通过实际行动，成为学生心中维护社会公平和正义的榜样，使他们受到教师行为的影响，形成司法公正观念，并在未来的法律工作中践行此种观念。第二，开展企业实习。高校法学专业教师可以深入法律机构进行有针对性的企业实习，锻炼个人的法学综合实践能力，并向学生分享实践过程中涉及公正法治观念的案例，通过讲授个人参与工作实践的方式，让学生更为直观地感受到在案件审理中体现的司法公正观念，促进他们司法公正观念的形成。

总之，在培养学生司法公正观念的过程中，教师需要真正从言传和身教两个角度入手，在实际的授课过程中渗透司法公正观念，让学生在日常的法学专业学习中逐步成为有品位、有品行和有品格的高素质法学专业人才，使他们在未来的工作中践行司法公正观念。

（2）辅导员。众所周知，辅导员兼任两种角色，分别是管理者和教师。在开展司法公正观念的培养过程中，辅导人员可以充分运用个人角色的优势，与学生进行思想方面的互动，促进他们司法公正观念的形成。在实际的落实上，辅导员可以从以下三个角度入手，促进学生司法公正观的形成。

①在思政教学中渗透司法公正观念。辅导员在进行思想政治教学过程中可以有意识地渗透司法公正观念，从法学专业的特性入手，通过多种方式渗透这一观念，如案例分析、角色扮演、小组合作等，让学生在上述活动的过程中加深对司法公正观的认知，促进他们司法公正观的形成。

②在班级管理中渗透司法公正观念。在班级管理中，辅导员需要组织多种班级管理活动，如奖项评选、党员名额评选等。在进行上述活动的过程中，辅导员可以有意识地贯彻司法公正观念，即引入公开公正的评选方式，在让学生获得相应权利的同时，履行相应的义务，使他们"得其应得"，并在实践活动中逐渐养成公正为人、公道办事的优良品质。

③运用"公正团体法"促进学生司法公正观的形成。在运用"公正团体法"的过程中，辅导员可以从以下三点入手。首先，划分角色。在角色划分的过程中，辅导员可以以公开唱票的方式公开投票次数，让学生在实际投票中意识到公正的重要性。其次，在设定班级规则的过程中，辅导员可以组织学生共同制定各个班级制度，并监督其执行状况，培养学生公正理念。最后，让学生真正在参与班级制度的构建中认识公正的内涵，促进他们公正观念的形成。

（3）专业课程。

①补充司法公正观内容的课程。在进行职业伦理课程的教学中，法学专业教师可以结合时代发展的趋势，适时地对原有的课程内容进行删减和补充，尤其是需要适时补充符合司法公正观念的内容，并设置不同的授课形式，如微课教学、慕课教学、双师教学等，让学生在不同的学习模式中感受司法公正观念的重要性，并在未来的工作实践中落实。

②提高职业伦理课的课程比重。高校法学专业教师以及学生应重视司法职业伦理课程，尤其是职业素养的培养。具体而言，法学院领导应适时地提高职业伦理课程在全部课程中的比重，让师生更为重视此门课程，尤其是涉及法学专业职业素养的内容，如司法公正观念的学习，使他们真正在实际学习中树立正确的司法公正观念，为未来更好地从事司法工作奠定职业道德基础。

③优化职业伦理课程授课形式。优化职业伦理课程授课形式主要从教学方式以及评价手段两方面入手。在教学方式上，教师可以针对职业伦理课程内容，

灵活设置多种授课方式，如微课教学、辩论教学、讨论教学、模拟教学以及主题演讲教学等，让学生加深对司法公正、司法功能、司法宗旨的认知，促进学生司法公正观念的形成。在评价手段方面，教师一方面可以以结果评价为依据，分析职业伦理课程的授课过程，尤其是对司法公正观念讲解的过程；另一方面兼顾定量评价和定性评价，既要肯定学生在法学伦理课中的付出，并从具体的效果入手进行评价，又要结合学生在司法公正观念课程中的实际学习过程，并对其进行针对性评价，促进他们司法观念的形成。

2. 在思政课程中向学生渗透司法公正观

（1）在思政课程中向学生渗透司法公正观的可行性。思政课程具有全局性，以培养学生的"三观"为着力点，完成立德树人的教学目标。司法公正观是思政课程的一个具象化体现，很多内容与思政课程重合。具体而言，在司法公正观的教学中，教师以正确的法治思想观念为学生立心，以崇高的思想道德品质为学生立德，且思政课程内容与司法公正观念有很多的融合点，这也为在思政课程中渗透司法公正观念创造了条件。值得注意的是，在具体的思政课程中，教师需要结合法学专业课程的特点，从学生未来的职业角色入手培养司法公正观念。

（2）在思政课程中向学生渗透司法公正观的新措施。

①以培养学生法治理念为借力点，开展司法公正观的渗透。理想信念是人的精神统领，决定着人的思维和行为，而司法工作人员的信念决定其工作行为，其工作行为又与国家和社会有着密切联系。为此，法学专业学生需要树立正确的司法信念，即司法公正观，在未来的工作中更为公正地开展各项工作，维护司法的权威性和公信力，促进国家的长治久安。为此，高校法学专业教师需要从理想信念的角度向学生渗透司法公正观。

②强化职业道德教育促进学生司法公正观的养成。职业道德教育包含于思想政治教学中。教师在开展思政教学中可以有意识地渗透法学职业道德教育，让学生通过在思政课堂上分析案例的形式培养职业素养以及树立司法公正观，并以这种观念为指导形成良好的司法行为。

③引入哲学辩证思维，增强学生司法公正观的逻辑性。通过将哲学辩证思维引入培养学生司法公正观的过程中，教师可以让学生从哲学思维视角形成具有逻辑性的司法公正观念。具体而言，教师可以从图6-7所示的三点切入。

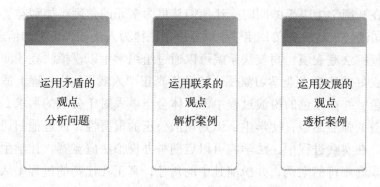

图 6-7 司法公正观念教学之哲学思维视角

首先，运用矛盾的观点分析问题。在司法公正观的培养过程中，教师可以引导学生运用矛盾的观点分析问题，即注重让学生运用一分为二的思维分析相关案件中的事理、情理和法理，找准案例中的主要矛盾，科学合理地在司法公正观的引导下进行案例的分析。

其次，运用联系的观点解析案例。在进行案例的分析过程中，教师除了让学生站在证据的立场思考问题外，还需引导他们从权益受损方的立场思考问题，即将联系的观点渗透到案例的分析中，让学生把涉及案例的各个主体以及环节进行联系，让他们在梳理案件中的事理、情理和法理后，做出更为公正的判断。

最后，运用发展的观点透析案例。教师在引导学生进行案例分析的过程中，可以引入发展的观点，让学生跳出个人固有的思维定式，并借助小组的力量，组织他们进行针对法学问题的探讨，让他们在运用个人思维优势的同时，结合他们的新视角进行多元的探讨，增强学生法学思维的创新性。

3. 借助校园环境，进行司法公正观的熏陶

高校法学专业教师可以借助学校的力量，从营造校园环境入手，让学生真正融入其中，使他们受到周围环境的影响进行针对性思考，在调动他们法学学习兴趣的同时，感受到司法公正观念的重要性和必要性，并在未来的工作中践行这一理念。实际的执行可以考虑以下三个方面。

（1）组织专家讲座。高校法学院通过组织专家讲座的方式，一方面可以让学生了解更多课本之外的法学知识，增强他们对法学认知的直观感受，另一方面可以使学生受到专家新观点、新思路的启发，从更为多元的角度思考法学问题，促进学生科学司法公正观念的形成。具体而言，在有关司法公正观念的讲座开展过程中，法学院可以构建法学专家进校园制度，定期邀请法学专家，如郭明瑞、童之伟、江必新、梁慧星等。这些专家带来的前沿性案例及其法学思

想，可以在开阔学生眼界的同时，让他们从更为多元的角度，如利益受损方的角度思考司法公正观的意义，使学生树立运用法律为人民伸张正义的信念。

（2）模拟法庭表演。高校法学院可以通过组织学生以模拟法庭表演比赛的形式营造良好的法学专业学习氛围，让学生真正"入戏"，从心理上适应个人扮演的角色，并在角色的扮演过程中深刻体会当事人对于公理的渴求，对于维护个人权益的强烈愿望，使学生认识到司法公正的重要性，促进他们司法公正观的形成。在实践过程中，法学院可以定期举办模拟法庭竞赛，让学生搜集与司法公正观念相符的案例，并扮演其中的角色，真正在比赛的过程中从当事人的角度思考问题，并运用法律知识化解当事人的纠纷，保证当事人的合法权益，促进学生司法公正观念的形成。

（3）开展法律辩论赛。通过开展法律辩论赛，高校法学院可以让学生在情理、法理以及事理的辩论过程中完成自我教育、自我认知的深化，尤其是对司法公正观念的认知，达到润物细无声的化育效果。

在具体实施方面，高校法学院可以从以下三点入手。第一，设立法学院辩论赛课程。高校法学院可以结合本校实际设立相应的法学辩论赛课程，让学生掌握基本的辩论方式和思维，使他们在日后的法律工作中更为科学地运用这种思维，最大限度地维护当事人的合法权益。第二，组建法学院辩论队伍。高校可以组建法学院辩论赛队伍，并定期组织校级之间的辩论赛事，真正扩大法学院的影响力，让学生在比赛的过程中更为深入地运用法律知识，分析和诠释个人的看法，促进他们形成科学的法学思维。第三，组织进行司法公正观辩论赛。法学院可以结合实际开展不同主题的辩论赛。比如，笔者所在学校曾经举办了"司法公正观是否重要"的比赛，让学生从不同角度阐释司法公正观念存在的必要性，包括司法的权威性和公信力、当事人的权益保护等，让学生在辩论的过程中深化对司法公正观的理解和认知，为他们未来成为捍卫法律和当事人合法权益的"守护神"做好准备。

（二）探究课堂中培养学生司法公正观的新方法

在探究司法公正观新方法的过程中，教师应立足法学教学实际，注重从课堂教学、运用典型以及巧用方法三个角度入手，在进行理论授课的同时，注重加深学生对司法公正观念的认知，使他们在未来的工作中将公正性作为衡量工作效果的重要准绳。

1. 课堂教学

在进行法学课堂教学过程中，教师可以从充分运用课堂教学优势以及合理控制课堂教学节奏两个角度入手，合理渗透法学司法公正观念，促进法学专业教学质量的提升。其中，在利用法学课堂教学优势方面，教师可以充分运用互动效应，激发学生对司法公正观念的讨论热情，即一方面通过师生互动的方式，对学生的思维进行引导和启发，另一方面运用竞争机制，激发学生的竞争心理，让他们更为积极地投入司法公正观念案例的探究过程中。值得注意的是，在运用互动效应的过程中，教师应注重从司法公正观包含的内容以及法学逻辑方面进行引导，让学生在全面理解此种观念的前提下，综合运用法学逻辑从事理、情理以及法理的角度进行案例的分析，真正让学生更为科学地运用司法公正观念诠释案例，在潜移默化中促进学生司法公正观念的形成。

2. 运用典型

通过运用典型案例以及人物的方式，教师可以将理论知识融于案例中，让学生通过可观可感的案例加深对理论知识的理解，深刻认识司法公正观念的重要性，获得良好的教学效果。

（1）典型案例。高校法学专业教师在进行司法公正观念的渗透过程中，切忌运用长篇大论进行阐述，而应该运用典型的案例进行讲解，让学生在可观可感的案例分析中更为直观地感受司法公正观的重要性，也使他们理清司法公正的真谛和标准，促进学生司法公正观念的形成。在实际运用典型案例的过程中，教师需要注意以下三点。首先，案例的选择。在案例选择方面，教师可以选择两个对立的案例，让学生通过正反两方面的对比，拓展他们对司法公正观念认知的广度和深度。其次，案例的讨论。在进行案例讨论的过程中，教师要让学生将个人的想法和盘托出，最大限度地发现学生在案例分析中的法律思维以及价值观导向问题，提升下一步教学指导的精准性。最后，案例反思。教师可以让学生独立进行案例反思，尤其是从案例分析的思维、价值观角度进行分析，使他们在反思中逐步形成司法公正观念。

（2）典型人物。在司法公正观念的渗透过程中，教师可以引入捍卫司法公正的典型人物让学生在了解典型人物事迹的过程中受到感染，真正加深他们对司法公正观念的认知，促进学生司法公正观念的塑造。例如，教师可以引入人物评选中的司法人物，如浙江省杭州市中级人民法院立案一庭庭长、审判员陈辽敏，浙江省湖州市南浔区人民检察院党组成员、检委会专职委员章春燕等，并讲授司法人物的相关事件，让学生了解这些司法人物的事迹，促进他们司法公正观念的形成。

3. 巧用方法

在巧用教学方法的过程中，教师着重从激发学生学习能力的角度入手，让他们真正在法学学习过程中自主学习、自主探究、自主分享、自主反思，促进学生司法公正观念的内化，实现法学专业教学效益的最大化。在具体实施的过程中，教师应注重从讨论式和闭环式两个角度进行介绍。

（1）以讨论式教学为基点构建多种司法公正观授课形式。在法学专业授课过程中，教师可以组织多种讨论授课形式，如小组合作、辩论赛等，并在设置讨论式教学中注意以下三点。第一，激发学生的认知冲突。在进行司法教学讨论的过程中，教师需要引入具有激发学生认知冲突的与司法公正观念相符的案例，让学生结合个人的观点自主组建相应的辩论小组，并结合个人的立场从不同角度提出观点。第二，抓住学生的讨论兴奋点。法学专业教师可以与学生形成亦师亦友的关系，了解学生的兴趣爱好，并在引入体现司法公正的案例的过程中，与学生的兴趣点相贴合，真正激发他们讨论的热情，抓住学生讨论的兴奋点。第三，落实"不悱不发"的原则。在开展讨论式教学过程中，教师需要真正为学生提供自主交流的平台，让他们深入交流，并在学生"想要得到答案，却又无法得到答案之时"进行适时的启发，让他们真正在教师的引导下，更为积极地投入司法公正观念问题的讨论中，从更为多元的角度形成司法公正观念。

（2）从闭环式教学切入，促进学生司法公正观念形成。闭环式教学方法有很多，如课前微课教学、翻转课堂教学、慕课教学等。在进行这些闭环式法学授课过程中，教师可以从课前、课中以及课后三个环节入手合理控制法学教学的节奏，适时地渗透司法公正观念，获得良好的法学教学效果。在实际的执行过程中，教师可以借鉴以下三点：

第一，课前准备阶段。教师不仅需要考虑学生的法学基础知识，还需要合理选用与司法公正观念相关的案例，并在课前将课件发给学生，让他们进行法学课程学习的"预热"。与此同时，为了让学生的课前法学学习有方向性，教师可以通过大数据整理学生在法学学习中的问题，并提出针对性的建议，让学生自主解决问题，并带着不能解决的法学问题走入课堂。

第二，课中教学阶段。教师可以汇集学生的法学学习问题，在了解学生法学基础的前提下，组织不同的法学授课形式，如小组合作、自主探究、分层教学等，让学生在相互帮助和探究的过程中解决相应的法学问题。更为重要的是，教师需要关注学生的讨论动态，并结合一些难以理解的司法公正问题进行针对性指导，促进他们司法公正观念的形成。

第三，课后反思阶段。高校法学专业教师在课后反思阶段应注重对整个教学进行检讨，从各个角度寻找影响司法公正观念教学的"痛点""痒点"和"兴奋点"，真正找准课程教学的主要矛盾并进行针对性解决，从而促进整个法学专业司法公正观念培养教学质量的提升。

（三）聚集社会资源开展培养学生公正观的新实践

在进行司法公正观念培养的过程中，法学专业教师除了从有字句处进行教学外，还需从无字句处切入，即从社会实践着力，充分运用社会资源，组织多种形式的社会实践活动，使学生融入其中，认识到司法公正观念的必要性，并将这种观念作为日后开展司法工作的重要着力点，为增强我国司法公正性和权威性贡献个人的力量。实际的司法教学实践活动主要包括三个方面（图6-8）。

图6-8　司法教学实践活动

1. 司法调研

高校司法专业教师通过组织学生进行司法调研，让他们走出传统教学的象牙塔，走进真实的司法运用场景中，使他们通过切身感受，认识到司法公正的重要性，促进他们司法公正观念的形成。在实际的调研过程中，高校可以充分运用各种资源，开展司法调研。

第一，搜集资料，确定调查方向。法学专业教师可以与学生共同搜集相应的资料，并进行实地调研，确定最终的选题方向。比如，笔者所在学校的选题为"关于阳光司法过程中司法公正问题的研究"。

第二，实际调研，搜集造成问题的原因。高校教师以及学生可以从群众调研、司法机构调研两个角度入手，设置不同的调研形式，如访谈、填表、网络沟通等，了解现阶段司法公正、司法独立以及司法公开方面存在的具体问题以及原因。

第三，总结建议，建言献策。高校法学教师以及学生一方面可以结合本校实力进行针对性问题的探究，另一方面可以借助外援，即借助专家参与到此次策略的探讨中。在完成相应的策略后，教师可以让学生将最终的探讨策略发至政府的建言邮箱中，等候回复。

总之，通过开展实践调研的方式，教师能够让学生真正通过个人的切身体会感受到司法公正的重要性，并在熟悉基本司法程序的基础上，提出针对性策略，在促进学生司法公正观念形成的同时，为我国法治建设贡献一份微薄之力。

2. 司法宣传

高校法学专业教师可以组织多种形式的司法宣传活动，将司法知识，尤其是司法公正方面的内容传递给广大市民，增强司法公正的宣传力度。在实际的执行过程中，法学专业教师可以从以下两点入手。第一，开展司法课堂进社区活动。在开展司法课堂进社区活动的过程中，高校教师可以组织学生开展多种形式的社会活动，如介绍司法公正方面的讲座、故事宣传等，让更多的学生参与到宣传司法公正的活动中。第二，充分运用不同时节，设置相应的法律宣传节目，如在"4·26"世界知识产权日、"6·26"国际禁毒日、"12·4"国家宪法日等进行多种形式的普法宣传，提供相应的法律服务、咨询，也可以组织专家，进社区开讲座，真正宣传司法公正，让人们通过更为多元的形式了解司法。

3. 司法服务

在进行司法服务类的社会实践活动中，高校法学专业教师可以从提供法律咨询服务和提供法律援助两方面入手。

（1）提供法律咨询服务。在提供法律咨询服务方面，高校法学专业教师应考虑以下两点。第一，联系接受法律咨询服务的机构。高校法学院可以和社会中可能需要帮助的各种组织取得联系，如消费者协会、共青团、工会、司法行政部门等，商量好提供服务的时间和具体的内容。第二，制定提供法律咨询服务的制度。教师可以结合本校法学院教学时间以及学生的实际法学基础，设置相应的法律咨询服务制度，让学生真正投入为社会公众提供法律服务的过程中。一方面，学生在解决他人的法律困惑的同时懂得从群众的角度思考问题，为增强司法公正感受提供基本的认知基础；另一方面，学生在解答他人疑惑的过程中能逐渐意识到司法公正的重要性，同时，向群众介绍司法程序还能提升学生的理论与实践结合能力，促进他们法学知识综合运用能力的提升。

（2）提供法律援助服务。在提供法律援助方面，高校法学专业教师一方面可以与当地法律援助中心取得联系，另一方面可以与人民法院以及看守所取得联系，并为这些地方的特定人员提供相应的法律援助，如刑事被告人、没有辩护人的犯罪嫌疑人等弱势群体，让学生真正在提供服务的过程中逐渐获得一颗匡扶正义、维护社会公平的心，在促进学生司法公正观念形成的同时，推动我国的司法进程。

（四）构建融合网络与学生司法公正观的新模式

在培养学生司法公正观念的过程中，教师可以充分借助网络，开展多种培养司法公正观念的新模式，充分借助网络的力量搭建"第二司法课堂"，在为学生构建异彩纷呈的网络课堂的同时，促进他们综合能力的提升。在实际的落实上，高校法学专业教师可以借鉴以下两种途径：

1. 运用网络打造多种形式的司法授课形式

高校法学教师可以运用网络结合不同的法学专业授课内容，设置不同的微课形式，如微电影、微视频等，让学生在观看视频的过程中逐步加深对司法公正观念的认知。与此同时，教师可以运用新媒体进行法学专业授课，如通过抖音、快手等网站构建在线法学课堂，与学生进行实时互动，向他们传播有关司法公正方面的知识，讲授体现司法公正方面的案例，在提升学生学习新鲜感的同时，促进他们司法公正观念的形成。

2. 借助网络创建司法网站

在打造司法网站的过程中，高校法学专业教师一方面要从学生的实际出发创建具有针对性司法网站，另一方面需要充分利用现有资源，创建相应的司法网站，为学生打造"第二网络学习课堂"，让他们在享受网络便捷性的同时促进其司法公正观念的确立，提升他们的整体综合学习水平。在实际的司法网站建设过程中，教师应注意以下两点。

首先，网络司法资源的选择。高校可以充分运用《关于坚持德法兼修实施卓越法治人才教育培养计划 2.0 的意见》，向法治实务部门申请相应数字化法务资源，让学生真正通过网络的形式观看法庭庭审资源，了解重大案件的审理过程，即在案件的审理过程中让学生逐渐加深对司法公正观念的认知。其次，网络交流平台的创建。在网络平台的创建过程中，教师可以建设三种交流平台，分别为教师交流平台、学生交流平台以及法务人员交流平台。在教师交流平台中，教师可以设置相应的专栏，搭建师生交流的平台，实时解决学生在司法方面的问题。在学生交流平台上，教师可以有意识地培养"学生意见领袖"，让一些法学基础扎实和思维灵活的学生担任意见领袖，解决其他学生在学习中的问题。在法务人员交流平台上，教师可以设置相应的留言模块，搭建学生与法务人员的交流平台，让学生在与专业司法实务人员沟通的过程中，了解具有实践性的司法内容，促进他们司法公正观念的形成。

第七章 校企合作在法学教学中的应用实践

第一节 构建务实高效的运转新机制

一、打造"双师型"教师队伍

鲁东大学肩负着培养创新型、应用型以及复合型法学人才的重任,一直致力于高素质法学人才的培养,注重从夯实学生的法学理论知识,增强他们的综合实践能力入手,旨在让学生在掌握法学专业知识的同时,兼具通识与其他专业知识,真正培养出一批集复合型、应用型、创新型于一体的卓越法律人才。然而,千里马常有,而伯乐不常有。为了实现这一目的,首要的任务是打造一支兼备实践能力和理论水平的"双师型"教师队伍。

(一)准确定位"双师"角色

1."双师型"教师定位

顾名思义,"双师型"教师即同时具备理论与实践教学双重能力的教师。就法学教学而言,"双师型"教师既要具备扎实的法学理论功底,又要具备较强的实践教学能力。一言以蔽之,鲁东大学在进行"双师型"教师队伍的建设中,需要明确"双师型"教师队伍的标准,即具有深厚法学理论知识(具备法学理论教学能力、法律实务指导能力、法务专业素养、法律职业道德、法学教育思想)以及较强的实践能力(具有创新能力、组织协调能力以及实践能力)。

2.鲁东大学"双师型"教师定位标准

"双师型"教师定位标准包含如图 7-1 四个方面的内容。

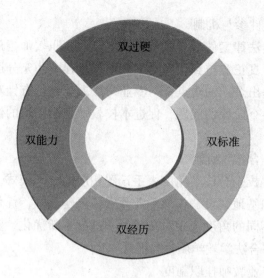

图 7-1　"双师型"教师定位标准

（1）"双过硬"。过硬的师德，即具有崇高的社会主义法治观，可以以德施教、立学、立身。过硬的教学能力，即可以以社会主义核心价值观为引领，将学生打造成为德法兼备的高素质法学人才。

（2）"双标准"。在进行法学专业人才的培养过程中，法学专业教师需要设立符合高层次法科专业教育人才培养标准。还需要构建与法律职业需要相适应的法学课程标准。通过进行双层次人才标准的构建，法学专业教师在实际的人才培养过程中不仅可以适应时代发展的趋势，还可以适应法律职业对人才的要求。

（3）"双能力"。"双能力"一方面是指法学理论研究能力，包括具有法学理论教学经验和培养法律硕士能力的理论教学水平，另一方面是指具备较强的综合实践能力，其中包括法律实践教学能力以及实际处理各种法律案件的能力。

（4）"双经历"。"双经历"一方面是指具备较强的法学理论基础，另一方面是指具备丰富的法律实践经验，如具有至少三年的法律从业经历。

（二）构建激发"双师型"教师知识内生动力的机制

为了拓展"双师型"教师的知识，优化他们的知识结构，高校法学院可以组织多种形式的活动，让法学专业教师在上述活动中充分运用个人掌握的法学知识，并积累更多的法学实践经验，促进法学专业教师理论和实践双重能力的提升。高校法学院可以从以下三个角度入手。

1.构建法律案件参与机制

高校可以构建法律案件参与机制，让本校的在职教师担任人民监督员、人民陪审员等角色，真正参与到相应的案件审理过程中，充分运用个人掌握的知识，并针对案件提出个人的观点，与专业司法人员进行有针对性的沟通，解决他们在司法实践各个阶段的问题，促进本校教师理论知识的优化，拓宽本校教师的司法知识视野。

2.构建"校企合作"机制

高校可以从"校企合作"角度入手设置相应的合作模式，引入各种新型的法学教学元素，如基地建设、校外专业师资队伍建设等，优化原有的法学专业授课形式，即从不同的角度入手对法学教学进行不断优化，整合各种社会法律资源，促进本校综合法学教学质量的提升。

3.构建法学专业教师挂职制度

在进行法学专业教师挂职制度的构建中，高校可以与专业的法律实务部门达成协议，定期向这些部门派遣优质法学教师，真正让他们参与案件审理的整个过程，如案卷查阅、取证调查、参与庭审以及案件评议等，让本校法学专业教师获得综合实践能力的提升。

（三）设置兼顾评价与奖励并存的保障机制

为了了解本校教师的综合素质水平，激发他们提升理实综合教学能力，高校可以从实际的评价和奖励两个角度入手。在评价方面，高校可以从各个方面，如教学环境、参与实践教学的程度、提升学科竞赛水平的程度以及融入实践教学基地的程度等，对教师进行全方位的评价，使他们更为全面地看待个人的优势和劣势，即让教师以评价为依据进行查漏补缺，促进教师综合教学能力的提升。在奖励方面，为了引入、留住高素质的法学专业教师，法学院校可以以教师的评价为标尺进行相应的奖励，如给予奖金等物质奖励、颁发证书等精神奖励，激发在职法学专业教师的干劲儿，促进"双师型"教师队伍的有效构建。

（四）建设具有拓展性的"双师型"教师交流机制

通过建设"双师型"教师交流机制，法学院校可以真正让本校教师跳出个人已有的理论与实践教学定式，掌握各种前沿性、实用性的法学知识，并能够扩展他们的教学思维，促进他们综合实践教学能力的提升，让本校法学专业"双师型"教师队伍的教学能力不断增强。

1. "双师型"教师交流机制

"双师型"教师交流机制的参与者是高校法学专业教师与法律实务专家。"双师型"教师交流机制的本质是举行法学实务专家与高校教师交流会。在实际的机制运作过程中，双主体的沟通不仅可以让本校教师从法律实务专家的角度思考问题，即寻找思维切入点，还可以让本校法学专业教师在与法律实务专家的沟通过程中掌握具有实效性的法律实践规律，还能有针对性地解决本校法学专业教师的顽固性问题，促进本校法学专业教师在理论与实践教学能力方面的双向提升。

2. 校企互聘机制

学校可以与企业达成互聘机制，获得双赢的效果。互聘机制对于学校的影响是，学校可以借助"外脑"，对本校法学专业理论与实践教学进行优化，提高教师的综合水平。对于企业的影响是，企业通过聘请在校教师，可以增强本企业的法学学术研究水平。这里，笔者主要从外聘企业法律从业者的角度入手，简要介绍部分外聘从业者所需做的内容：①开展多种形式的专题讲座，如法律谈判、旅游法实务、检查实务等；②开展多种教学活动，如案例分析、庭审观摩、法律文书写作、专业调查等。

二、构建校级特色专业

（一）特色专业建设起因

鲁东大学的校级特色专业为"问题青少年教育矫正管理"，其中包括青少年犯罪心理学、行政法与行政诉讼法学两门主要课程。这一校级特色专业是指"问题青少年教育矫正管理"博士人才培养项目。该人才培养项目是在 2012 年获得国家批准、在 2019 年国务院学位委员会组织评估验收的项目，在社会以及学术界获得了良好的反响。该项目设置的人才培养方向为问题青少年解矫与帮扶、犯罪青少年矫正与管理、问题青少年预防与教育。该项目的目的是满足社会对于高层次复合型人才的需求，其一方面着眼于理论与实践方面的青少年教育矫正与管理，另一方面满足新时代国家的人才需求，即"问题青少年教育矫正管理"方面的人才。对于该项目培养的人才，其工作内容为青少年教育矫正管理教学、研究与实践工作；其工作部门为司法部门、科研机构、高等院校。

（二）特色专业建设方向

本部分中的特色专业建设方向主要包含两方面的内容，即人才培养模式和人才培养特色。

1. 人才培养模式

在人才培养模式方面，鲁东大学建立了"五位一体"人才培养模式，即将回归实践导向学术创新研究、国内外学术交流、实验探索研究、行业实践基地培养、多学科系统理论学习五方面的内容融为一体。该人才培养模式的基础是理论学习，关键是建立和运用实践基地，最为突出的特点是实验研究，人才培养的延展点为学术交流，核心内涵为学术创新，主要研究目的是培养高质量的法学专业人才。

2. 人才培养特色

在进行人才培养的过程中，法学院校一方面需要结合法学专业的授课规律，另一方面需要充分与本学院教学状况进行融合，还要从法学教学的未来趋势入手，真正打造具有本院特色的人才培养模式，为我国源源不断地提供高素质法学人才，推动我国法治进程。在实际的人才培养方面，笔者首先运用图7-2进行简单概括，并在图下进行详细论述。

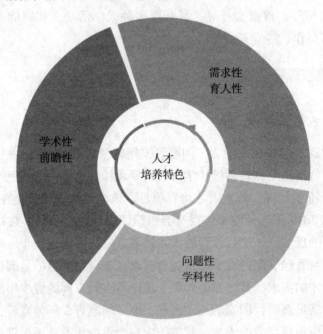

图 7-2　人才培养特色

（1）学术性与前瞻性并行。学术性主要体现在鲁东大学举办全国性和国际性学术会议，尤其是让博士生加入会议，让其了解学术前沿讯息，拓宽他们的视野。前瞻性主要体现在鲁东大学开展的博士项目主要研究的问题是我国问题青少年教育矫正管理，并立足于国际青少年教育问题，促进国内外高校师生对青少年管理问题进行探究和交流。

（2）需求性与育人性并存。需求性体现在满足国家特殊需求，即为问题青少年教育矫正管理提供专业的博士人才。育人性主要体现在双导师机制和资源共享两方面。在双导师机制上，该项目在进行博士人才的培养中构建三方联动机制，即实现行业、部门与高校之间的联动，并实现行业专家与高校学者共同培养博士人才的导师机制。在资源共享方面，鲁东大学主要借助戒毒所、监狱、法院以及检察院的力量，形成双向互动机制，即行业专家与高校师生进行定期互动，最终实现资源共享，促进人才综合素质的提升。

（3）问题性与学科性同在。问题性与学科性同在是指通过多种学科融合的方式，促进博士生提升综合解决问题的能力。具体来说，为了培养博士生的综合解决问题的能力，鲁东大学相关部门注重运用多种学科，如管理学、社会学、法学、心理学以及教育学，并注重各个学科之间的优势互补，旨在引导博士生从更为全面的角度分析青少年问题产生的原因以及内在规律，探索具有中国特色的青少年教育矫正管理模式，促进博士生增强解决问题的能力。

（三）特色专业建设效果

该项目主要的作用是促进社会治理的现代化，满足国家的特殊需求。它需要通过以下三个方面的工作实现。

（1）实务指导。该项目对烟台市福山区人民检察院"青樱心灵苑"的建设进行指导，构建一体化的未成年人心理问题帮教机制，旨在通过合作的方式，促进青少年心理问题的矫正。

（2）合作共建项目。该项目与烟台市人民检察院合作进行"烟台检察护蕾"建设，注重预见性工作体系的建设，其主要从超前预防入手，构建更为多元的未成年人文关怀模式。

（3）提交咨询报告。该项目中的调查报告被多个部门采纳，包括山东省人民检察院未检处、山东省监狱管理局等，辅助司法机构政策的构建。

总而言之，此项目的研究成果获得了各方的肯定，并积极地推进了青少年问题理论与实践的完善。

三、搭建基地平台

（一）参与合作的基地平台

鲁东大学与多个省、市级研究平台具有合作关系，涉及的法学研究平台包括"烟台市人民代表大会常务委员会立法基地""齐鲁法治文化建设研究基地""山东慈善事业发展研究基地"和"山东省社会工作专业人才培训基地"。

（二）搭建基地的目的

笔者主要从搭建学术研究平台、推动山东法治建设以及培养"两型"人才三个角度论述搭建基地的目的。

1. 搭建学术研究平台

在学术研究平台的搭建上，鲁东大学依托各大学院、国内研究机构以及政企部门等，最大限度地整合社会各种资源，旨在搭建最具有广泛影响力的法学学术研究平台。

2. 推动山东法治建设

该基地以齐鲁文化建设为核心，以时代特色为依托，针对现阶段涉及的各种热点法治问题，如营商环境法治文化建设问题、非诉讼纠纷解决机制、科技伦理文化与法治建设问题、传统儒家思想与现代化法治问题、齐鲁传统法治文化问题等进行深入探讨，旨在为山东地区的法治建设提供可以借鉴的建议。

3. 培养"两型"人才

"两型"人才是指应用型和复合型人才。通过进行基地建设，鲁东大学可以定期派遣法学专业的学生到基地学习（如法律机构或者企业），一方面可以丰富此部分学生的理论知识，另一方面可以增强他们的综合实践能力，让学生能够满足法律机构以及企业的需求，促进应用型和复合型法学人才的成长。

（三）搭建基地平台的策略

1. 构建以制度为基点的基地运行模式

没有规矩，不成方圆。在基地运行过程中，鲁东大学需要构建基地运用机制，并从以下三点落实。

（1）构建基地管理组织。在管理组织的构建中，鲁东大学以领导机制为核心，重点设立基地主任与副主任两个岗位，并在下面设立相应的组织框架，即学术团队和科研团队，旨在实现统一部署，增强基地成员的凝聚力，促进基地各项活动的顺利开展。

（2）构建基地经费制度。鲁东大学制定、落实《鲁东大学法学院立法基地经费使用管理办法》，一方面最大限度地利用基地，另一方面最大限度地合理利用资金。

（3）开展新型的教学模式。在新型教学模式的建设中，鲁东大学法学院构建新型的课堂授课模式，如邀请律师事务所、司法机关等的工作人员走入课堂，讲授法学专业知识，真正将具有实用性的法律知识引入课堂，促进应用型人才的构建。与此同时，鲁东大学法学院还开展专项法律课题研究，充分调动师生的积极性，整合各项资源，制定相应的策略，为烟台市的立法工作提供必要的智力支持。

2. 搭建三元化法学专业基地运用平台

三元化法学专业基地中的"三元"是指基地平台建设、社会工作专业以及软硬件设施，这也是基地建设的重要发力点。

（1）基地平台建设。在基地平台的建设中，鲁东大学充分运用法学院师生以及基地成员的力量，组织多种形式的实践活动，并充分运用各种资源，探究法治相关的问题，从法学专业的角度提供针对性策略。

（2）社会工作专业。在社会工作专业方面，鲁东大学法学院让基地充分运用社会工作专业资源，如利用烟台被确定为山东自由贸易试验区的契机，建立国际法教学研究机构，参与国际法的探究，并组织广大师生投入基地关于促进国际法的研究的过程中，如以课题研究、学术交流等方式进行研究，促进本校师生法学专业方面综合能力的提升。

（3）软硬件设施。在软硬件设施上，鲁东大学从师资力量以及设备的引进两个方面促进软硬件设施的构建。在软件设施上，鲁东大学邀请国内外知名法学专家、法律专家参与基地的建设。在硬件设施上，鲁东大学法学院获得了盈科律师事务所500万的投资，进行多种功能室的建设，如法律技术室、电子证据实验室、法律诊所、案例讨论室、模拟法庭室等。

3. 借助基地研究推动山东法治活动开展

鲁东大学法学院借助基地研究推动山东法治活动的开展，并通过实实在在的建言献策，促进基地综合实践能力和理论研究水平的提升，具体内容包括以下几点：

（1）调研地方立法中的重要问题。首先，进行地方立法信息资料的搜集。其次，受委托进行地方性法规的起草。最后，受委托参与地方性法规制定的听证。

149

（2）参与立法活动。受委托与山东省人民代表大会常务委员会参与多种立法活动，如立法前后的评估、年度立法计划项目的评估、立法规划的制定等。

（3）参与各种地方性法规活动。参与各种地方性法规活动一方面可以清理、修改地方性法规，另一方面可以进行立法工作的培训以及立法理论与实践的调研。鲁东大学通过让基地参与山东各种法治活动，并以此为"试金石"，可以锻炼基地成员与师生的综合法学知识运用能力，还可以进一步推动山东地区的法治进程。

四、探索产教融合的新方向

（一）内涵

笔者主要从如图 7-3 三个角度阐述产教融合新方向。

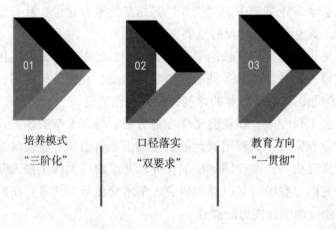

培养模式
"三阶化"

口径落实
"双要求"

教育方向
"一贯彻"

图 7-3　产教融合的新方向

1. 培养模式"三阶化"

第一阶，有效整合理论知识，形成完整的知识体系，其整合的内容包括法律职业的基本实务技能、法学知识结构、法学职业的基本伦理素养。第二阶，有效整合实践知识，形成全面的实践体系，其主要包括仿真模拟方法、技能型以及应用型职业能力养成方案。第三阶，提升学生的法学专业知识和技能水平。法学院可以借助多种实践平台，让学生在实践中优化个人的法学知识结构，促进他们知识技能的提升，增强其法学专业职业能力。

2. 口径落实"双要求"

双要求中的"双"主要体现在两点：一是法律实务部门与高校法学专业教

师的双向交流；二是社会需要与学生法学知识学习的双向选择。具体而言，主要包括以下两方面的内容：①法学院为了培养应用型法学人才，一方面需要为招聘单位提供了解未来法律从业者素养和真实能力的平台，另一方面应该为学生拓展就业选择面和空间。②法学院为了设计产教融合新方向以及培养技能型、应用型、创新型、复合型法学人才培养体系，可以从优化师资队伍入手。

3. 教育方向"一贯彻"

法学专业教师在人才培养过程中，需要落实"一贯彻"原则，在满足我国法治建设需要的同时，将社会主义核心价值观贯彻到法学专业人才培养的全过程中，塑造出德才兼备的复合型、应用型法学专业人才。

（二）意义

在意义的论述过程中，笔者主要从人才培养、优化法学专业人才供给侧以及创新法学专业教育方法三个角度入手。

1. 人才培养

在人才培养方面，通过运用协同育人机制，法学院教师可以引入"三阶化"人才培养模式，增强学生法学专业综合实践水平，优化学生的法学知识结构，将他们打造成为技能型、应用型、创新型、复合型法学人才，让他们朝着"卓越法律人才"迈进。

2. 优化法学专业人才供给侧

通过运用协同机制中的"双要求"，法学专业教师可以立足法学人才社会需要状况，并结合本校的教学优势，灵活运用多种教学资源，提升学生的综合法学水平，优化现阶段法学专业人才供给侧。

3. 创新法学专业教育方法

通过明确产教融合教学的新方向，教师可以为现阶段法学教育的发展提供新出路，促进法学专业教学方法的创新。

（三）策略

1. 坚持特色发展思路

在进行产教融合新方向的构建中，法学院教师需要坚持特色发展思路，兼顾"好而实"与"优而特"，即在政府服务中"好而实"，在机构服务中"优而特"，积极适应法律人才市场的多样化需求。

2. 落实外引内培的师资建设模式

在进行师资建设模式的探究过程中，法学院校可以采取"大树移植"和

"小树栽培"的策略。"大树移植",即采用外引的策略,通过多种方式,如提高福利待遇等,吸引"双师型"教师,优化本校的师资队伍。"小树栽培",即采用内培的策略,通过多种培训的方式,如微课培训等,打造具有本校特色的"双师型"教师队伍,为产学研协同机制的构建打下良好的师资基础。

3. 构建多元化协同机制体制

在构建多元化协同机制体制的过程中,法学院可以从以下两方面入手:①教学内容的融合性。法学专业教师在教学中应注重融合性,如在讲授法学专业知识时,可以融入其他学科的知识,从而培养复合型法学人才。②参与主体的融合性。高校法学院教师可以借助社会、政府以及行业的力量,充分利用他们提供的资源,完成实训基地的建设,明确产教融合的新方向,使学生融入相应的机制中,真正将法学专业的学生打造成为集应用型、复合型、创新型、技能型于一体的外来高素质法学人才。

五、完善协作机构

在与协作机构的合作中,鲁东大学与盈科律师事务所共建盈科法学院,为校企融合提供了组织架构,其组织架构为理事会、院务委员会以及专家指导委员会。

(一)理事会

1. 构成

理事会是盈科法学院的决策机构,主要由盈科律师事务所工作人员以及鲁东大学相关成员组成。理事会设有理事长和副理事长。盈科律师事务所主任为盈科法学院理事会理事长,鲁东大学副校长为副理事长。其他理事会成员是由双方委派的同等数量的人员担任。鲁东大学方面的理事会成员包括法学学院院长、教务处处长,以及人事处处长。

2. 作用以及权力运行机制

该理事会的作用是决定盈科法学院的重要事务,如资金运用、项目建设、师资构建、人才培养以及未来的发展规划等。理事会的权力运用机制如下:权力运行的形式为会议议事,具体操作为投票表决,即每一位理事均有一票表决权。在实际的表决中,在票数相等的状况下,理事长具有一票否决权。

(二)院务委员会

院务委员会是执行机构,即将理事会的决议落地。院务委员会的人数为八个左右。院长是由盈科律师事务所主任担任;执行院长由法学院院长担任。

（三）专家指导委员会

专家指导委员会的作用是指导学院健康、良性发展，其主要由司法实务部门领导、由国内外知名法学专家构成。

第二节　构建产教融合的协同育人新机制

一、产教融合的协同育人新机制

（一）应用背景

法学具有较强的实践性，具有"三个面向"（面向未来、生活和实践）的特点。为了促进依法治国的顺利实现，我国不仅需要构建高素质的法治人才队伍，而且需要构建新型的法学教育模式，即构建科学合理的人才培养机制，还需发挥法学教学的先导性、基础性作用，真正培养出能力、责任、政治以及信念过硬的未来司法、执法、立法工作者。在实际的法学教学过程中，法学专业教师需要树立明确的法学人才培养目标，即构建突出职业性的人才培养目标，旨在培养复合型、应用型的法学人才。与此同时，在法学人才培养方式上，法学专业教师需要转变传统的灌输式、以教师为中心的授课方式，构建理实并重、教学结合的新型法学授课模式，促进复合型、应用型人才的构建。

（二）机制解读

产教融合的协同育人新机制是指植入式法学产学研育人机制。此种教学机制的特点有三个。首先，强调党的领导，注重培养法学专业学生的社会责任感和担当意识。其次，以社会需求为导向。在法学专业人才培养过程中，法学专业教师以律师事务所为依托，着重将学生打造成为应用型人才，让他们综合运用法律方法、伦理和思维，解决社会实践问题，增强学生的工作能力和职业技能，满足社会对法学人才的需要。最后，以创新性和时代性为人才培养的总方向。在此种新机制的运用过程中，教师着重培养学生的开拓创新精神，让他们在结合法理的基础上，结合案件中体现的情理和事理，进行公正裁判。在时代性人才培养方面，法学专业教师将着力点放在培养学生时代性认知上，以社会主义核心价值观为导向，开展法学职业伦理教学，促进学生法学职业素养的形成。下面，笔者以鲁东大学与盈科律师事务所联合成立的鲁东大学盈科法学院为案例，讲解产教融合机制的运用过程。

二、产教融合的协同育人新机制的实施路径

（一）设立北京教学科研基地

1.基地介绍

鲁东大学盈科法学院北京教学科研基地在 2021 年 5 月 27 日举行揭牌仪式，标志着该学院的正式成立。该基地的成立目标：首先，数字化，即该教学科研基地旨在构建全新的教学方法，实现实践学习与法学理论之间的有效融合，构建具有数字化特性的法学授课新模式；其次，人文化。该基地建立的核心是以学生为本，注重为我党、我国培育具有时代特色的应用型、复合型法学专业人才；最后，领先性。该基地旨在打造全球领先的法学院。

2.基地实力——师资力量

该基地师资力量雄厚，一方面本校具有雄厚的师资力量，即本校具有较高的水平的"双师型"教师队伍，尤其是在综合实践能力方面较为突出。具体来说，在本校的师资队伍中，有 20 余人担任烟台仲裁委员会委员，在烟台的行政机关、司法机关以及立法机关工作，其中有 3 名教师获得"齐鲁和谐使者"称号，有 2 名教师入选山东烟台市"政法智库"，有 1 名教师担任山东省法治评论员。另一方面，该基地积极实行"双百计划"，引入具有实力的法律专家。在具体实施上，该基地着重从以下三方面入手：①聘请实践能力过硬的专家。在"双百计划"实施过程中，该基地聘请了市律师协会会长、中级人民法院副院长。②聘请优秀的法学专家。该基地还聘请了国家级、省级法学专家，优化基地的师资队伍。③培养具有基地特色的法学教学人才。比如，基地与外部大学签订人才培养协议，进行法律硕士的培养，即着重结合基地的特色进行针对性法学师资人才的培养。

3.基地人才培养实践

基地人才培养实践既是对学生实际学习能力的考查，又能展示基地的教学实力，对基地的建设起到指正作用。下面，笔者主要对图 7-4 中的内容进行介绍。

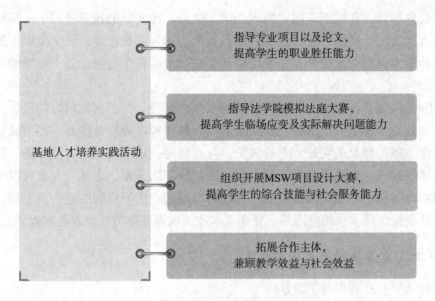

图 7-4　基地人才培养实践活动

（1）指导专业项目以及论文，提高学生的职业胜任能力。在进行法学专业项目的研究过程中，基地派相应的专家指导法学院学生，促进法学专业项目的实施，提高学生的职业胜任能力。与此同时，基地派专家指导学生论文，尤其是在论文的编写、修改等方面，促进论文质量的提高，进一步提高该基地法学专业学生的学术水平。

（2）指导法学院模拟法庭大赛，提高学生临场应变及实际解决问题能力。2021 年，盈科法学院组织模拟法庭决赛，并邀请本所的高级合伙人担任评委，指导法学院学生的参赛技巧，增强他们的心理素质。在此次大赛中，该学院从多个角度入手进行设计：首先，设置合议庭，其由本所高级律师合伙人构成；其次，开展法庭辩论，促进学生应变能力以及解决实际问题能力的提升；最后，选拔面试，即该所高级律师结合参赛学生意愿，进行针对性面试。通过参加法学院模拟法庭大赛，本学院学生获得专业技能的提升，并在近几年的模拟法庭大赛中获得较好的名次。

（3）组织开展 MSW（社会工作硕士）项目设计大赛，提高学生的综合技能与社会服务能力。2021 年 5 月 4 日，鲁东大学法学院组织开展 MSW 项目设计大赛。笔者在此进行简要介绍。首先，参评人员。该次比赛的参评人员由社会工作专业硕士、盈科法学院执行院长、山东工商学院社会工作调研室主任、烟台市民政局三级调研员构成。其次，比赛形式。该项目大赛采用线上与线下相结合的形式，在线上运用"腾讯会议"进行。在实际的比赛过程中，运用抽签的方式决定比赛的顺序。最后，比赛效果。通过此次比赛，该学院学生的项目设计能力得到明显提升，并表现出该学院学生的善于研究、勇于创新的时代精神。

（4）拓展合作主体，兼顾教学效益与社会效益。为了获得较好的经济效益和社会效益，鲁东大学盈科法学院除了与盈科律师事务所合作外，更为注重拓展合作主体，如兄弟院校、党政机关。与此同时，该学院聘请有经验的一线法律人才等，进一步整合社会资源中有关法律资源的元素，这样一方面可以将优秀的实践案例引入法学课程，另一方面可以促进产学研机制的进一步发展，真正向社会提供高素质的应用型、复合型人才，取得良好的社会效益和教学效益。

（二）完善法学专业课程体系

1. 法学专业课程教学新目标

在进行法学专业课程教学新目标的设定中，高校法学专业教师一方面需要了解国家在法学专业方面的政策，另一方面需要结合现阶段法律人才市场的客观要求，设定相应的法学课程目标。

2. 法学专业课程教学新模式

法学专业课程教学新模式是指以增强学生实践能力、创新能力为目的的项目模块化课程体系，具体包括以下四方面的内容。

（1）课程类别。课程主要分为理论课程与实践课程。

（2）课程设置。课程主要设置为通识课程、核心课程以及个性课程。通识课程，即为区别于法学专业的课程，如贸易专业课程等。核心课程，即为法学专业课程。个性课程，即与法学专业相关、具有一定法学专业趋势性的课程。

（3）培养要求。培养要求包括培养学生的团队能力、创新能力，语言沟通和表达能力，逻辑思维能力以及把握学科前沿动态的能力。

（4）设计思想。设计思想一方面注重培养学生的法学知识应用能力，另一方面注重增强实训环节，尤其是注重采用模块化的方式设置不同模块的课程。以民法课程为例，法学专业教师可以设计出五大课程模块，分别为侵权责任模块、继承模块、债法模块、物权模块以及人格权模块等。此外，在实际的法学授课过程中，教师可以利用大数据分析学生在各个模块中存在的问题及其原因，并制定相应的教学策略，增强模块化法学教学的精准性。

3. 法学专业课堂教学新方法

（1）产教融合下的问题驱动法应用。在应用产教融合下的问题驱动法过程中，高校法学专业教师可以采用"双师授课"模式，借助基地律师事务所律师的力量，让律师指导整个课程的教学，促进问题驱动教学法的顺利执行。在具体的应用过程中，法学专业教师应注重从以下三点入手：

首先，化解问题。在问题导向的过程中，教师辅助学生将大问题划分成无数的小问题，并为每一位学生安排特定的问题。与此同时，教师可以这些问题为主题，组成相应的小组。

其次，开展教学。在实际的教学过程中，教师可以采用"双师授课"模式，一方面向律师展示问题的处理状况，并争取律师的帮助，推动问题的解决，另一方面增强与律师之间的协调沟通，在实际法学教学以及计划中达成共识，促进后续法学教学工作的顺利开展。

最后，教学总结。在教学总结上，教师可以与律师进行沟通，一方面总结学生的共性问题，如法学专业学习中的问题，提出针对性的见解，另一方面结合学生的个性问题，提出相应的策略，促进与律师的深入沟通，真正从律师的角度思考问题，促进教师法学专业教学的职业性，并更好地落实到法学授课中。

（2）产教融合下的情景模拟法应用。高校法学专业教师在产教融合下的情景模拟教学过程中，可以运用 VR 技术模拟相应的场景，让学生融入其中，扮演相应的角色，如代理律师、原告、被告以及法官，针对个人在角色中承担的责任进行相应观点的论述。比如，代理律师可以进行案件的陈述、分析等。与此同时，法学专业教师可以与律师事务所的律师取得联系，并邀请律师事务所人员结合学生的问题进行针对性纠正，这样一方面可以让学生了解个人在法学学习中的问题，并从实际工作的角度反思个人的思维，促进学生法学职业思维的构建，另一方面可以让教师结合学生的表现检讨个人的问题，并通过与法律从业者沟通的方式，优化个人的法学教学思维，增强个人的法学专业授课能力。

（三）加强法学专业的学术研究

鲁东大学法学院可以利用产教融合机制，即充分运用参与产教融合的各个主体优势，开展不同形式的学术性活动，促进本校法学专业的学术建设，为后期的法学专业实践教学的顺利开展提供必要的指导。在具体的执行过程中，法学院可以借鉴以下两种方式。

1. 构建共享平台

法学院通过构建共享平台，可以实现资源、人才的共享，推进法学专业学术研究。具体而言，法学院可以从以下角度切入。①资源共享。法学院可以与盈科律师事务所达成相应的案件资源分享协议，即让此事务所适时地向法学院提供相应的案件审理资源，增强学术研究的专业性和实践性。②经验共享。在进行法学专业学术研究的过程中，法学院可以结合相应的合同，外聘盈科律师所律师，让他们参与到此项学术研究中，增强本校法学专业学术研究的接地性。

2. 构建法律服务专家智库

通过构建法律服务专家智库，法学专业教师一方面可以为地方法治建设提供助力，另一方面有利于本校法学专业学术研究，为增强本校教师的工作科学化水平赋能。在实际的智库构建过程中，法学院可以借鉴以下的步骤。首先，出台智库管理办法。为了保证智库构建的科学性、运转的高效性，法学院可以与盈科律师事务所协商，出台相应的管理办法，其中包括相应的奖惩规则、人员配比等。其次，组建智库团队。在进行智库团队的建设过程中，法学院为了保证学术研究的科学性，可与盈科律师事务所协商，合理控制人员的比例，在保证学院教学以及该所正常工作的前提下，提升学术研究的科学性。最后，设定实施路径。在实施路径的设计中，学院需要与盈科所协商制定具体的实施路径，在学校搜集资料，在盈科所探讨方案，通过组织不同形式的调查活动，开展不同的探讨活动，形成相应的建议，为地方政府的法治建设建言献策，提升本校教师的学术科研水平，为培养应用型、复合型的法学人才提供必要的指导。

第三节　构建坚强有力的保障新机制

一、主体保障——教师与学生

（一）师资队伍保障

教师是校企融合机制发挥作用的重要助推者，对于整个校企合作良好作用的取得起着积极的促进作用。基于此，法学院需从多个途径入手，加强师资队伍建设，尤其是提升教师的综合教学水平，并采用"外引内培"的方式，优化本校师资的队伍结构，真正发挥教师在校企合作中的作用，促进协同育人机制的有效进行，促进应用型、复合型法学人才的打造。

1. 立德树人，夯实师德师风建设

（1）明确师德师风建设任务。为了进一步明确师德师风建设任务，法学院校应成立党委工作部门，负责师德师风建设，并由本学院的院长与副院长组成师德师风委员会，进行本校的师德师风建设。更为重要的是，法学院应落实责任负责到人的机制,在委员会之下设立执行委员会,即执行委员会委员负责法学教师的师德师风建设,真正将师德师风建设工作落到实处,形成教师自我约束模式,促进师德师风建设工作的顺利开展,提升教师的思想境界和行为约束能力。

(2)师德师风考核常态化、制度化。在师德师风建设过程中,法学院注重制定相应的制度,如制定《法学院师德失范行为处理办法》等,一方面约束教师的行为,另一方面对教师进行考核,包括对教师的年终考核、学术道德考核、课堂教学考核等,并根据考核的结果进行针对性的赏罚,真正将师德师风建设常态化、制度化。与此同时,法学院应定期安排教师进行自我反思、纠错,促进他们职业道德素养的提升。

(3)特色理论铸造师魂。法学院应定期组织教师进行中国特色社会主义理论的学习,提升广大法学院教师对"两个维护""四个自信""四个意识"的认识,并将这种认识入脑、入心,塑造教师的师魂。与此同时,法学院通过各种方式表彰先进,如在学校官网设置"教师风采"专栏,通过进行榜样塑造的方式促进师德师风建设。

2. 多措并举,提升师资队伍水平

众所周知,提升师资队伍水平的方式多种多样。在具体提升师资队伍水平的过程中,笔者着重从实践以及高校的实际状况入手,对图7-5所示的内容进行介绍,旨在为推动本校师资队伍建设建言献策。

图 7-5　提升师资队伍水平的措施

(1)营造良好制度环境。在营造良好制度环境方面,法学院可以从以下三个角度切入。

①以关键性环节为基点，完善制度。法学院需要抓住关键性环节，完善相应的制度，如"双一流"建设、教师评级、岗位绩效等，激发法学专业教师的干劲儿。

②实现"全链条"式制度。法学院应制定"全链条"式制度，即从优秀法学专业教师的招聘、培养、评价以及考核多个角度入手构建"全链条"式机制。

③打造科学的人事管理制度。在打造此种制度的过程中，法学院一方面可以利用国家的各种政策，另一方面需要挖掘教师的内生动力，如让教师参与到法律企业的运行过程中，让他们在实践中学习更多的法律新知识，促进教师教学视野的拓宽，还可以优化本校的资源配置，如加大对教师培训的投入等，提升本校法学院教师的综合素质。

（2）拓展师资引入渠道。在拓展师资引入渠道方面，法学院可以运用以下四种人才引进方式：补充合同聘任制师资、招收博士后师资、柔性引进、全职引进。在相应机制构建上，法学院可以制定合同制度，规定教师的待遇与任务相匹配，不断探索新型的人才引入渠道，优化本校的法学专业师资队伍。在具体实行措施上，法学院可以结合实际引入"一人一策"与"一院一策"的精准人才引进策略，提高人才引进的质量。

（3）夯实教师事业基础。在夯实教师事业基础的过程中，法学院需要从教师未来的发展方向着眼，为他们提供针对性的法学教学职业生涯规划，具体从以下三点入手：第一，立足培养高层次人才培养梯队，对本校教师进行分类，设定对应的领军人才方案；第二，立足构建国际化师资队伍，开展多种形式的国际化教师互派制度，拓宽本校教师视野，促进国际化师资队伍的建设；第三，构建多元化发展平台，实行岗位分类制度，如设立实践基地特聘岗位和专职科研岗位等，满足不同水平法学院教师的发展需要。

（4）落实高层次人才服务。在落实高层次人才服务过程中，法学院可以从以下四个方面切入。

①构建全面化的保障和支持机制。在进行此机制的构建中，法学院一方面可以落实各级法学教师人才培训、考核机制，另一方面可以设立人才引进办公室，专门负责高层次人才服务管理。

②构建各部门协调机制。为了促进法学专业教师素质的提高，高校需要构建各部门协调机制，从更为全面的角度对入职教师进行评价和指导，提升他们法学专业授课水平。

③完善推荐机制。法学院可以以教师的教学优势和特色为依据，对本院法

学专业教师进行分类，构建高层次的人才培养机制，并结合教师的教学优势，推荐相应的法学研究项目。

④构建高薪资体制。法学院需要构建高薪资体制，真正吸引高层次人才，促进本校法学专业教师队伍的优化。

（5）推动教师专注科研。在推动法学院教师专注科研方面，法学院可以制定相应的奖励机制：一方面对聘期内取得科技成果的教师给予相应的物质奖励；另一方面构建高层次人才奖励机制，如探索高层次人才薪酬制度，保证高层次人才与引进人才同等待遇，充分应用"鲇鱼效应"，激发本校人才科研积极性，提升本院的科研水平，增强教师的综合教学能力。

3. 面向世界，打造国际师资队伍

在进行国际化师资队伍的建设过程中，法学院需要落实"大树移植"和"小树栽培"的策略。一方面，法学院可以引进具有海外留学背景的高层次人才以及外籍专家；另一方面，法学院可以派遣本校法学专业优秀教师到海外交流、访学，并搭建多种形式的国际合作项目，拓宽本校教师的国际视野，提高本校师资队伍的国际化比重。

（1）内培：创造对外交流机会，拓宽法学院教师国际视野。法学院教师可以结合本校实际，构建多种形式的境外访学计划，积极搭建出境交流平台，尤其是为教师提供多种境外交流机会，让教师真正在外访其他国家的过程中拓宽国际视野，促进本校师资队伍国际化水平的提升。

（2）外引：引进国际化高端人才，提升法学院外籍师资比例。在引进国际化高端人才时，法学院可以充分运用国家的各种有利政策，如"高端外国专家项目"，并结合本学院的实际，制定相应的外籍教师应聘制度，重点从外籍教师的工作流程、薪资待遇以及教师来源等角度，吸引更多的外籍高端法学专业教师，提高本学院外籍教师的比例，增强本学院教师队伍的国际化水平。

（二）学生培养保障

1. 学生品德塑造

（1）以课程思政改革为切入点，为法学人才培养立德铸魂。课程思政改革主要解决"培养什么样的人""如何培养人""为谁培养人"的问题，并将立德树人确定为法学人才培养的重中之重，落实"三全育人"的原则，在提高学生法学专业知识的同时，促进他们思想道德素质的提升，真正将学生打造成为高素质的法学人才。在实际的落实上，法学院思政教师可以从打造通识课程、构建多种形式授课方式以及挖掘法学专业课程中的育人元素入手，为法学人才培养立德铸魂。

具体而言，在打造通识课程上，法学院教师可以引入社会主义核心价值观和"四个自信"的内容，培育出具有特色的法学通识课程，为学生良好品格的塑造提供必要的理论基础。

在构建多种授课方式上，高校法学院教师可以结合不同的授课内容，灵活选择多种授课方式，如翻转课堂、微课教学等，在引起学生兴趣的同时，促进他们良好品格的塑造。值得注意的是，法学院可以设立"一课双责"制度，一方面负责向学生传授法学专业知识，另一方面注重对学生进行价值引领，达到德法兼修的教学目的。

在深挖专业课程方面，法学院教师需要深入挖掘与思想品德塑造相关的法学课程，并引入具有生活气息的案例，让学生在学习法学专业知识的同时，促进他们良好品格的塑造，达到提高学生道德素质的目的。

（2）加强法律职业伦理教学，为法治人才的道德塑造定向领航。法律的生命力是执行，因此社会需要执行法律的人才。为了实现法律的有效执行，法学院要注重培养一批高素质的人才，着重从人才的思想道德素质入手，加强对法律职业伦理的教育，促进崇高职业道德的确立，让他们树立坚定的法治信仰，从而真正助力于公正司法、严格执法、科学立法等方面的建设，打造一批推动我国法治进程的高素质法学人才。在实际的法律职业伦理教学实践中，法学专业教师可以从以下三方面切入。

①重新审视法律职业伦理教育课程。在法学专业授课过程中，法学院、教师以及学生需要重新审视法律职业伦理教育课程在整个课程体系中的作用，将此门课程放在法学专业核心课程和法律硕士专业学位必修课程中。与此同时，高校法学专业教师需要转变传统的唯知识论思维，既要重视法学专业知识教学，又要重视学生的法学职业素养塑造，真正让学生做到心中有职业准则和道德规范，为学生扣好步入法律职业前的第一枚扣子。

②开展多种法律实践活动，促进学生职业道德的形成。除了在课堂进行法律职业伦理教育理论教学外，教师更应注重课外实践教学，采用不同的实践教学形式，将职业伦理教育融入其中，加深学生对此门课程理论的认知，促进学生职业道德素养的形成。在具体的实践课程中，高校法学院教师可以从以下三点切入。

第一，开展校企合作实践活动。法学院教师可以与盈科律师事务所达成合作协议，即通过构建新型师徒制模式，让学生在专业律师的带领下熟悉相应的法律工作流程，学习专业人员的工作态度和敬业精神，真正在此过程中受到思想的启迪和精神的感染，促进学生职业道德观念的形成。

第二，开展法律实践活动。法学院法学社团可以进行定期的公益志愿服务，真正走入社区、村庄、学校以及企业，进行法学知识的宣传，尤其是对涉及各个主体切身利益的法律内容。比如，在企业，学生可以向工作人员普及《中华人民共和国劳动法》，并在此过程中逐渐加深对各种法律的认知，树立职业自豪感，真正承担起利用法律维护社会公平的责任，促进学生法学职业道德素养的形成。

第三，开展法律诊所。法学院可以通过开展法律诊所的方式，促进学生法律职业素养和职业技能的提升，让学生真正在为他人提供专业性服务的过程中获得职业自豪感。在法律诊所的开展过程中，法学院主要应注意以下两点：

首先，增强运用法律诊所的灵活性。在法律诊所的运行过程中，法学院、教师以及学生可以设定灵活的服务模式：模式一，按照规定的时间进行"坐诊"；模式二，在特定的时期进行广场"义诊"；模式三，开展不定期的上门服务；模式四，为了解决疑难问题，法学院师生可以联合专业法律人员进行"特诊"；模式五，通过多种形式进行"问诊"，如微信、QQ等。

其次，保证学生参与会诊的全过程。学生在会诊的过程中，一方面需要借助教师的指导，另一方面需要树立较强的责任心，独立承担会诊的任务，真正激发个人的潜能，从不同角度解决会诊问题，提升个人的实践能力，促进自身综合水平的提升，让学生真正感受到法律工作者的心理活动，逐渐形成抗压、勤奋、负责的优良职业品质。

2. 人才培养机制

（1）"三三制"法律人才培养机制。"三三制"法律人才培养机制是本校特有的人才培养模式。该模式一方面汲取传统模式的优点，另一方面结合本校的实际，并注重融入创新性元素，在实际的教学中推动本校法学人才的培养，促进本校法学专业教学的良性发展。

① "三三制"法律人才培养机制的定义。随着全国法学院呈现"遍地开花"之势，法律人才市场趋于饱和，甚至出现供过于求的状况，导致法学专业毕业生就业率低，造成很多毕业生出现转行的状况。与此同时，高层次法学人才十分短缺。为了解决这种法学专业毕业生就业率低的状况，部分法学院开始采用"三三制"法律人才培养模式，培养高层次的法律实务人才和学术人才，解决法学专业毕业生的就业问题。

"三三制"法律人才培养机制是指在法学专业学生完成第三年学业后，开始进行分流，并以学生的综合法学成绩以及主观意愿进行择优录取，即选择一定数量的优质生源。在本科第四年，学生可以进入硕士研究生学习阶段，并以本硕连读的方式接受更高层次的法学专业知识教育。在第六年，学生可以获得法律硕士学位和更好的就业前景。

②"三三制"法律人才培养机制的优势。与原有的培养模式对比，"三三制"法律人才培养机制突出法学职业教学的特性，并注重与其他法学科目教学之间的关系。具体而言，"三三制"法律人才培养机制的优势如图7-6所示。

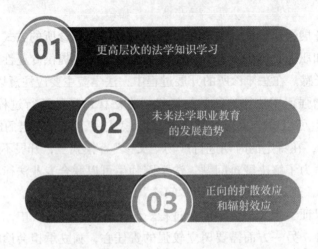

01 更高层次的法学知识学习

02 未来法学职业教育的发展趋势

03 正向的扩散效应和辐射效应

图7-6 "三三制"法律人才培养机制的优势

第一，与原来的人才培养模式相比，在本科第四年，"三三制"培养的学生可以将所学知识与后面所学的法学内容进行衔接，提升对法学知识学习的广度和深度。在之后的法学专业知识学习过程中，学生可以进行更高层次的法学知识学习，如到海外知名法学学校学习或者进行研修，可以在拓宽个人法学学习视野的同时，增强法学专业水平，提升个人未来的法律岗位胜任能力，真正适应21世纪法律人才需要。

第二，彰显法学职业教育的新趋势。法学职业教育的规律：首先，学生需要具备基本的法律职业素养，包括基本知识、基本素养以及基本技能；其次，为了获得更高层次的法学知识，学生需要进行更高层次的学习，即进入硕士研究生时期，或者称之为本科后期阶段的学习。"3+3"的法学教学模式可以很好地完成两个阶段的衔接，即体现未来法学职业教育的发展趋势。

第三，形成正向的扩散效应和辐射效应。"3+3"教学模式是对原有法学教学模式的新改革，主要体现在教学形式上，即综合采用多种授课形式，如项目式教学、成建制实习、商务谈判、实务培训、判例教学、对话教学等，旨在让学生在融入上述学习方式的过程中，获得团队协作能力、知识整合能力、表达沟通能力、实际问题解决能力、独立思考能力等，并由此带来法学学科整个教学模式的新变化，产生良好的扩散和辐射效应。

③ "三三制"法律人才培养机制的注意事项。

第一，生源选择。生源应选择本学院优秀的法学本科生。生源选拔的依据是，学生在本科前三年的综合素质以及成绩绩点排名。这些学生前期学习的内容为高层次法律职业教育，主要以涉外法务和司法为主。

第二，教师构成以及培养学生的能力。在教师构成方面，"三三制"法律人才培养机制主要由以下三部分教师构成。一是授课教师：这部分教师应职业教育能力强，实践教学能力过硬，专业知识渊博。二是特殊课程教师：这部分教师主要是律师、检察官、机关中的学者型法官。三是特办教师：这部分教师包括本院教师、一定数量的专家。在学生能力培养方面，首先，特班课程的培养方向是提高学生的法律职业能力；其次，专业课程的能力培养方向是提高学生理论知识和实践的双重能力。

第三，课程设置。首先，课程内容比例。在课程内容比例上，删减概述性、理论性课程；不涉及与实务关联不大的课程；增加法学前沿以及涉及操作技巧方面的内容。其次，选修课程。在选修课程上，学生可以结合个人的爱好，进行"双跨"选课，即跨年级和跨专业。值得注意的是，当某一艰深的课程班级没有设置，但是学生十分感兴趣时，导师可以单独辅导。再次，课程定位。在课程定位上，核心课程是诉讼法、刑法、民法。交叉课程是本学院擅长的课程。实践课程则是在教师的指导下，学生在跨国部门、高端律所、检察院、法院实习的课程。最后，课程设置目的。课程设置的目的如下：一是促进学生法律人格的完善；二是使学生把握法律运用规律，获得法律思维逻辑；三是提升学生的实际操作能力和应用能力；四是增强学生的自我职业规划能力。

（2）产学研协同育人机制。

①产学研协同育人机制的设定目标。

第一，促进多元办学体制的形成。法学院、企业以及政府共同参与的多元办学体制，可以促进教育、产业之间的良性融合，实现人才链、产业链的有效衔接，促进需求导向性人才培养模式的构建。

第二，实现复合型、应用型人才的培养。产教融合的产学研协同育人机制，一方面可以让学生真正参与到律师事务所的工作中，锻炼学生的实际工作能力，促进学生法学职业技能的提升，另一方面可以使学生通过不同企业的实习，掌握不同背景下的法学知识应用状况，如部分学生去外贸公司实习，接触到的法学知识应用场景多为外贸背景，这有利于扩展学生知识面，将他们打造成为复合型法律人才。

②产学研协同育人机制的实施建议。

首先，实践教学（以案例教学为例）。从学生所处的年级而言，对于低年级的学生，教师可以使用经过处理的案例，尽量是简洁的案例，让学生可以直观掌握基础性的法学理论知识。对于高年级学生而言，为了提高学生的思维思辨力，增强他们的断案能力，教师可以选择真实案例，特别是选择同案不同判的案例，让学生从不同的角度进行分析，如情理、法理以及事理等，寻找其中的真正原因，促进学生法学综合能力的提升。对于一些典型性的案例，法学院教师可以邀请司法实务部门的相关人员进行协同育人，即对一些实践性、专业性过于专业的案例，教师可以邀请律师、检察官以及法官参与到案例的讲解中，真正让学生从实际工作的角度对相应的案例进行分析，促进学生法律职业思维的形成。

其次，合作模式。法学院可以与盈科律师事务所合作，构建"四共"合作模式，即院校共赢、人才共育、师资共建、资源共享的新型产教融合协同育人机制，注重着眼于实践教学、师资培养、课程建设、人才培养编制等，实现育人资源运用效益的最大化，提升整体的法学专业教学水平。

最后，基地建设。在基地建设的过程中，法学院可以构建多方育人新格局，即从校企双方入手，注重提升学生的政治素养、业务素质、综合素质以及诚信素质，真正将学生打造成为应用型、复合型人才，并定期到企业实习，促进学生的顺利就业。与此同时，法学院需要进一步加强协同育人与实践教学之间的联系，充分发挥学院以及律师事务所的优势，真正增强两者在各个环节的连接，如在人才培养、课程建设等方面，促进高层次法律人才的打造，实现双方互利共赢的局面。

（3）卓越法律人才教育培养机制。

①卓越法律人才教育培养机制的培养方向。通过培养卓越法律人才，法学院可以解决现阶段的法学教学问题，提升法律人才的实践能力，真正使法律人才朝着复合型、应用型的培养方向发展，为我国提供一批适应新时代发展的法律人才。

②卓越法律人才教育培养机制的重点。卓越法律人才教育培养机制的重点有三个：第一，构建实务部门与高校相联合的机制；第二，推进"双师型"教师队伍的建设；第三，注重探索"海外＋国内"的联合培养机制。

③卓越法律人才培养需要解决如图 7-7 四个方面的问题。

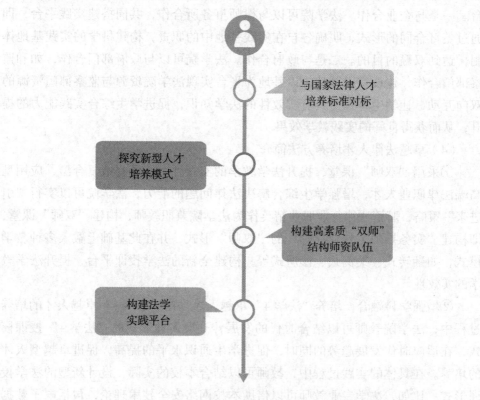

图 7-7　卓越法律人才培养需要解决的问题

第一，与国家法律人才培养标准对标。法学院可以以司法专门人才以及高素质执法人才培养目标为依据，结合法学专业学生的实际，设定不同的人才培养标准，满足法律部门对不同人才的需求。

第二，探究新型人才培养模式。在卓越法律人才的培养过程中，法学院需要结合自身的特色，学习多种新型的人才培养方式，如建设卓越法律人才培养基地、实行"国内 + 海外"联合人才培养机制、采取学校与部门联合培养模式。

第三，构建高素质"双师"结构师资队伍。法学院可以与盈科律师事务所达成建立人员互聘制度，让在职教师参与到实际的工作中，增强他们的实践能力。与此同时，为了拓展本校教师的国际视野，法学院可以结合自身实际，定期派遣本校法学院教师到国外实习，培养一批具有国际视野的高素质法学师资人才。总之，通过从企业实习和国外实习两个角度，法学院能够打造一支具有理论知识、综合实践能力强的"双师型"教师队伍。

第四，建设法学实践平台。法学院可以从不同角度入手建设法学实践平台。一是与企业合作。法学院可以与律师事务所合作，共同搭建实践平台，即通过签订合同的形式，明确各自在实践基地中的职责，构建科学的实践基地体制，达到双赢的目的。二是与政府合作。法学院可以与政府部门合作，如和监察部门合作，建设实习基地，以基地为平台实现法学院资源与监察部门资源的双向互动，让学生掌握更具有实效性的法学知识，促进学生综合实践能力的提升，从而获得良好的实践教学效果。

（4）卓越法律人才培养方法简介。

①采用"双师"课堂，提升法学教学的实效性。为了打造复合型、应用型高端法律职业人才，增强学生综合解决法律问题的能力，法学院可以实行"引进来"策略，聘请法律行业职业精英作为法学院兼职教师，构建"双师"课堂，即构建"实务导师＋专业导师"的"双师"形式，并在此基础上融入多种教学模式，如翻转式、案例式、诊所式等，构建全新的法学授课平台，提升法学教学的实效性。

②增强学科融合，培养"法学＋"卓越人才。在"法学＋"卓越人才的培养过程中，法学院教师可以结合时代的发展，开展多种形式的"法学＋"授课模式，在适应时代发展趋势的同时，促进学生通识水平的提高，促进卓越型人才的培养。在具体的实践过程中，教师可以结合本校的实际，设计新型的法学授课形式。比如，法学专业教师可以借助本校网络安全技术理论，包括电子数据检验、法医、法化学检验、声像资料检验等技术，设置新型的法学课程，即刑事科学技术专业网络安全与法治专业，让学生在学习法学专业知识的同时，以另一门专业为依托，打造"卓越＋"法治人才。

二、客体保障——资金与技术

（一）资金

资金是校企合作的重要因素。在进行校企合作过程中，法学院可以通过多种途径获得资金的支持。例如，法学院可以利用国家的优惠政策，向国家申请低息贷款；可以发挥法学院的力量，争取外部企业的赞助，获得一部分资金；还可以与合作企业协商获得相应的资金支持。总之，法学院利用多途径获得的资金来满足日常校企合作中的各种活动需要，如用于本校软硬件设施的改造、对表现优秀的教师和学生的奖励等，从而促进校企合作质量的提升。

以鲁东大学盈科法学院为例，此学院实行公办民助的经费保障机制，一方面依法可以根据国家以及本省的相关规定，获得相应的资金援助，另一方面可以向盈科律师事务所发出资金请求。此外，为了保证申请的资金用到"刀刃"上，该学院设定财务管理监督体系，并由相应的监督机构监督。与此同时，在资金运用方向上，理事会负责决定资金的运用流向。2021 年 7 月 28 日，盈科律师事务所向鲁东大学盈科法学院一次性捐款 500 万元。其中，一部分资金用于硬件设施的改造，如模拟法庭、办公楼的改造等；另一部分资金用于奖励做出突出贡献的师生。

（二）技术

法学院应充分运用各种技术，如"互联网+"技术、VR 技术等进行多功能智慧教室的建设，包括法律技术室、电子证据实验室、模拟法庭、法律诊所等。笔者在此简要介绍"智慧教室+法庭"的运用过程。

法学院可以运用"法官+法学教师"与"线上+线下"的"双师"同步实践教学模式。具体操作过程如下：首先，介绍教学内容。笔者主要介绍刑事诉讼法课程。其次，教学安排。班长带领一部分学生到法院；副班长带领另一部分学生到智慧教室。最后，开展学习。对于到法院的学生，由在法院的律师负责讲解相应的刑事案件，设置相应的习题与学生互动，让他们掌握刑事案件审判流程，即宣布开庭阶段、法庭调查阶段、法庭辩论阶段、法庭调解阶段、评议以及宣判。在此之后，律师运用网络为学生展示网上刑事案件的立案流程，示范庭审直播设备，让在法院的学生真正享受到智慧课堂的便捷。对于到智慧教室的学生，他们在智慧教室同步观看整个刑事案件直播，并在现场教师的帮助下，与法院中的律师形成互动，获得律师的指导，提升整体的法学教学质量，增强法学专业学生对刑事案件的理解深度，体会到刑法的公正性。

三、思想保障——党的领导

法学院的师生应确保政治站位的正确性，始终坚持党的领导，以党的方针路线以及价值观作为思想标杆，并真正在日常的校企合作过程中落实这些理论、思想，积极成为推动党建以及我国法治进程的力量。

以鲁东大学盈科法学院为例，该学院设立了党支部，并在上级党组织的领导下积极地做好各项党建工作，尤其是注重在实际的工作过程中落实党的方针和路线，真正以党的思想为日常工作中的思想指引和工作指引，促进校企合作质量的提升，增强师生的思想政治素养。比如，在师风建设上，本学院落实中国特色社会主义法治理论教育，着重提升教师的综合教学能力，并让教师与学生共同参与到校企合作实践中，让教师真正身先士卒，为学生做出表率，激发学生参与实践的热情。与此同时，教师在实践的过程中追求守正创新理念以及精益求精的工作精神，真正在企业的实习中获得综合实践能力的提升，并为学生在企业的实践做出好的示范，提升学生参与实训的积极性，从而获得良好的校企合作教学效果。

参考文献

[1] 易继明.中国法学教育的三次转型 [J].环球法律评论，2011，33（3）：33-48.

[2] 《中国教育年鉴》编辑部.中国教育年鉴（1949—1981）[M].北京：中国大百科全书出版社，1984：266.

[3] 蒋安杰，刘显刚.法学教育 30 年盘点 [J].法制资讯，2008（9）：27-29.

[4] 亚里士多德.尼各马可伦理学 [M].廖申白，译，北京：商务印书馆，2003：141.

[5] 博登海默.法理学法律哲学与法律方法 [M].邓正来，译，北京：中国政法大学出版社，2004：277.

[6] 程立显.伦理学与社会公正 [M].北京：北京大学出版社，2002：45.

[7] 段忠桥.历史唯物主义与马克思的正义观念 [J].哲学研究，2015（7）：3-11.

[8] 吴忠民.走向公正的中国社会 [M].济南：山东人民出版社，2008：13.

[9] 王晨.司法公正的内涵及其实现 [M].北京：知识产权出版社，2013：64.

[10] 黄维.法学本科实践教学创新模式及其改革策略 [J].湖北开放职业学院学报，2021，34（19）：1-2，14.

[11] 陈梅.法学专业创新实践教学体系研究——"双师型"教学队伍建设视角 [J].科技创业月刊，2021，34（2）：140-142.

[12] 田金花.高校法学实践教学创新研究 [J].佳木斯大学社会科学学报，2014，32（2）：155-157.

[13] 曹锦秋，郭金良.高等学校法学实践教育创新研究——从实训课程与模拟法庭的关系视角切入 [J].辽宁大学学报（哲学社会科学版），2018，46（4）：186-194.

[14] 李进平.地方高校法学专业实践教学体系创新研究 [J].南昌师范学院学报，2017，38（6）：67-70.

[15] 杨鸿.高校课堂教学质量评价标准的研究 [D].北京：中国地质大学，2006.

[16] 刘妙龄.高校学生评价教师教学的有效性研究 [D].武汉：华中科技大学，2005.

[17] 郑家成.高校课堂教学评价标准研究 [D]. 南京：河海大学，2004.

[18] 吕忠梅.法眼观庭 [M]. 北京：北京大学出版社，2006.

[19] 夏利民，李思慈.法学教育论 [M]. 北京：中国人民公安大学出版社，2006.

[20] 洪浩.法治理想与精英教育 [M]. 北京：北京大学出版社，2005.

[21] 于熠."三段六步"法学实践教学法的应用 [J]. 法学教育研究，2020（2）：203–216.

[22] 陈兵，程前.Web2.0 时代高校法学实践教学数据库建设新探索 [J]. 中国法学教育研究，2014（4）：127–139.

[23] 赵忠奎.创新型法律人才培养模式的反思与完善——以法学实践教学之不足为视角 [J]. 经济法论坛，2017（2）：269–277.

[24] 章晓明，蒋后强.法学实践教学现状、问题与改革 [J]. 法学教育研究，2015（1）：206–217，390–391.

[25] 陈京春.论法学实践教学与现代信息技术的深度融合 [J]. 法学教育研究，2019（2）：331–343.

[26] 潘溪.培养应用型人才：法学实践教学的现状与创新 [J]. 中国法学教育研究，2018（2）：32–43.

[27] 黄彤.实践型法科教育视野下之案例教学再思 [J]. 中国法学教育研究，2012（1）：80–88，204.

[28] 楼伯坤.卓越法律人才教育培养基地的教学管理模式探讨——以浙江工商大学为例 [J]. 中国法学教育研究，2014（1）：31–40.

[29] 高晋康.从法律诊所到法律医院：法学实践教学模式的重构——基于西南财经大学实践性教学改革的探索 [J]. 中国法学教育研究，2017（3）：139–147.

[30] 陈治.法学虚拟教学平台建设的模式、效应与展望 [J]. 法学教育研究，2017（3）：189–204，372.

[31] 冯玉军.论国外法学教育改革的经验与借鉴 [J]. 中国大学教学，2013（6）：92–96.

[32] 钟坤凡.论法学实践教学与学分制 [J]. 中国法学教育研究，2007（2）：135–146，219.

[33] 李逢超，孙维君.高校学分制改革中存在的问题及其对策 [J]. 山东理工大学学报（社会科学版），2003，19（6）：87–91.

[34] 杨子巍.论法学教育与市场需求 [D]. 广州：广东外语外贸大学，2018.

[35] 黄维娜.独立学院法学专业校企合作课程质量评价标准的构建 [J]. 教书育人（高教论坛），2020（12）：40–42.

[36] 林驰 . 独立学院法学专业校企合作办学质量评价体系的配套建立 [J]. 湖北开放职
     业学院学报，2020，33（16）：14-15.

[37] 余妙宏 . "产教融合" 在地方高校应用型法学专业人才培养中的探索 [J]. 浙江万里
     学院学报，2019，32（5）：103-109.

[38] 刘雪 . 独立学院法学专业校企合作办学与就业工作联动开展机制的研究 [J]. 法制
     与社会，2019（12）：178，217.

[39] 李微 . 高校法学专业实践教学模式改革与探索 [J]. 中国校外教育，2018（3）：
     113，117.

[40] 罗艳梅，王丹 . 产教融合背景下经济管理类专业多层次校企合作模式探索研究 [J].
     黑龙江教育（理论与实践），2022（2）：43-44.

[41] 田文昌 . 大学法学教育改革思考 [J]. 法学教育研究，2015（1）：325-333，391.

[42] 王星，李静 . 卓越法律人才培养计划下的高校法学教育改革 [J]. 山西高等学校社
     会科学学报，2014，26（6）：83-85，89.

[43] 徐明 . 独立学院法学教育更应重视实践教学 [J]. 教师教育论坛，2014（1）：78-82.